Wortschatz erweitern

Wie Sie Ihre Ausdrucksweise maximal verbessern

Erweitern Sie kinderleicht Ihr Vokabular und begeistern Sie mit gehobener Sprache Ihre Gesprächspartner in jeglichen Situationen

Michael Heitmann

1. Auflage

2021

Inhaltsverzeichnis

Einleitung

„Die Sprache ist der Schlüssel zur Welt“ formulierte Wilhelm von Humboldt sehr treffend. Dieses Buch widmet sich der Verbesserung des Wortschatzes, des Vokabulars und der Ausdrucksweise. Sie haben somit ein Handwerkszeug parat, welches Ihnen hilft Ihren Wortschatz zu verbessern und zu erweitern.

Der Wortschatz der deutschen Alltagssprache wird auf 500.000 Wörter geschätzt und der zentrale Wortschatz auf rund 70.000 Wörter. Der Wortschatz eines Menschen liegt bei einer Breite von 3.000 bis hin zu 200.000 Wörtern – je nach Bildungsstand einer Person.

Mit 180 Fremdwörtern und 60 Übungen zu den einzelnen Fremdwörtern bietet dieses Handbuch einen großartigen Begleiter, um den Wortschatz anzuheben und das Vokabular zu verbessern.

Im ersten Teil dieses Buches werden allgemeine Hinweise, Tipps und Tricks zur Verbesserung der Ausdrucksweise gegeben. Anschließend stelle ich Ihnen 180 Fremdwörter und deren Aussprache vor. Damit sich die Wörter festigen können, werden in 60 verschiedenen Übungen, die vorgestellten Fremdwörter gestärkt.

Ich wünsche viel Spaß beim Lesen und hoffe, dass das Buch zur Förderung Ihres Wortschatzes beiträgt. Auf den folgenden Seiten erhalten Sie allgemeine Informationen, Tipps und Tricks.

Rund ums Thema Wortschatz

Im Durchschnitt verwenden Muttersprachler 16.000 Wörter im aktiven Wortschatz. Der aktive Wortschatz beinhaltet Wörter, die man verwendet. Der passive Wortschatz beläuft sich auf 50.000 Wörter. Dies sind Wörter, die man zwar versteht, aber nicht benutzt. Sie haben in der Einleitung bereits gelesen, dass der Wortschatz der deutschen Alltagssprache auf 500.000 Wörter geschätzt wird; da ist also noch Luft nach oben...

Warum sollte man überhaupt seinen Wortschatz erweitern? Augenscheinlich lebt es sich in der Regel ja auch gut mit dem vorhandenen Wortschatz.

Nun ja – das ist ganz einfach: Man kann sich besser ausdrücken und ein erweiterter Wortschatz ist im beruflichen, sowie privaten Bereich ein großes Plus. Stellen Sie sich nur mal ein Vorstellungsgespräch vor, bei dem Sie mit Fremdwörtern punkten können – oder Sie möchten beim anderen Geschlecht Eindruck schinden. Mit Hilfe dieses Buchs wird ihr Traum von einer verbesserten Ausdrucksweise wahr.

Sie sollten nicht versuchen in kurzer Zeit Ihren Wortschatz zu erweitern, sondern das Projekt Fremdwörter beziehungsweise Vokabular erweitern, als Langzeittraining ansehen.

Bereits im antiken Griechenland war die Rhetorik eine geschätzte Disziplin, die im Laufe der Jahrhunderte immer weiterentwickelt wurde. Durch rhetorische Kenntnisse und einen erweiterten Wortschatz ist es Ihnen möglich, klar zu kommunizieren und bildhaft zu sprechen.

Die Vorteile gekonnter Rhetorik und eines erweiterten Wortschatzes sind enorm. Erfahren Sie im folgenden Kapitel, wie Sie Ihren Wortschatz erweitern können.

Tipps und Tricks zum Thema Wortschatz erweitern

Wie schon beschrieben, braucht das Lernen neuer Wörter Zeit. Im Folgenden finden Sie einige Tipps, Tricks und Übungen, um Ihren Wortschatz zu erweitern. Profitieren Sie von den Vorteilen eines erweiterten Wortschatzes und üben Sie regelmäßig die in diesem Buch vorgestellten Fremdwörter. Sie werden merken, Ihre Sprache wird bildhafter und egal ob Sie eine Präsentation halten oder einem Vorstellungsgespräch beiwohnen – Sie werden auf jeden Fall Ihren Nutzen daraus ziehen.

- **Bücher lesen**
  Der wohl bekannteste Trick ist verschiedene Bücher zu lesen. Achten Sie bei der Auswahl Ihrer Bücher darauf, dass jede Menge Vokabeln und Fremdwörter benutzt werden. Anstatt am Abend vor dem Fernseher zu sitzen, machen Sie es sich gemütlich und lesen ein gutes Buch. Das Erweitern des Wortschatzes erfolgt beim Lesen wie von allein. Sie können auch die Ihnen unbekannten Wörter unterstreichen, auf Karteikarten schreiben und diese anschließend lernen.

- **Synonyme finden und benutzen**
  Sie können Wörterbücher für Synonyme nutzen oder online nachschlagen. Die gefundenen Wörter können Sie auf Karteikarten schreiben und auswendig lernen.

- **Spiele**
  Auch spielerisch lässt sich das Vokabular erweitern.
  Zum Beispiel mit den Spielen Scrabble, Tabu oder mit Kreuzworträtseln.

- **Vermeidung von Hilfsverben**
  Vermeiden Sie Hilfsverben wie haben, werden und sein und versuchen Sie andere Wörter zu benutzen und Ihre Sätze zu umschreiben.

- **Anspruchsvolle Texte**
  Lesen Sie anspruchsvolle Texte und fassen Sie die Texte in Ihren eigenen Worten zusammen.

- **Fernsehen und Lesen nutzen**
  Wenn Ihnen beim Lesen oder Fernsehen ein Wort unterkommt, dessen Bedeutung Sie nicht genau verstehen, schreiben Sie es sich auf und schlagen anschließend nach – schon haben Sie wieder ein neues Wort gefunden, welches Sie lernen können.

- **Kommunikation**
  Kommunizieren Sie mit Menschen, denn das hebt Ihren Wortschatz.

- **Vokabelheft**
  Legen Sie ein Vokabelheft an, das Ihnen das Lernen und Wiederholen erleichtert.

- **Antonyme finden**
  Finden Sie Antonyme (Gegenbegriffe) zu Wörtern, die Sie häufig benutzen.
    - winzig → riesig
    - groß → klein
    - sagen → schweigen

- **Übungen**
  Machen Sie die Übungen in diesem Buch und lösen Sie die Aufgaben.

- **Sätze bilden**
  Bilden Sie aus einem langen Satz zwei kurze Sätze und aus zwei kurzen Sätzen einen langen Satz. Sie werden sehen, dass Sie zusätzliche Wörter verwenden werden.

- **Euphemismen**
  Bilden Sie Euphemismen. Das sind alternative Worte, die eine Person, eine Personengruppe, einen Gegenstand oder

einen Sachverhalt beschönigen. Wie zum Beispiel, aus Vertreibung wird Umsiedlung, aus Kriegseinsatz wird friedenserhaltende Maßnahme, aus arm wird wirtschaftlich schwach.

- **Lernen Sie eine Sprache**
  Das Lernen einer Sprache kann auch immer den eigenen aktiven Wortschatz bereichern.

- **Schreiben**
  Schreiben Sie an einem Tagebuch, Roman oder Sachbuch. Sie können mit Synonymen arbeiten. Dies erweitert den Wortschatz.

- **Ein Wörterbuch lesen**
  Sie können die Wörter, die Ihnen unbekannt sind, nicht nur nachschlagen, sondern auch jeden Tag ein Wörterbuch durchgehen und sich Wörter, die Sie nicht kennen, herausschreiben.

- **Anwenden der neuen Wörter**
  Versuchen Sie die neu gelernten Fremdwörter in Gesprächen und beim Schreiben anzuwenden.

- **Geläufige Wörter eine gewisse Zeit nicht verwenden**
  Finden Sie Umschreibungen für Wörter, die Sie häufig verwenden, wie zum Beispiel gehen, fahren, sagen usw. und benutzen Sie diese Wörter für eine vorher von Ihnen festgesetzte Zeit nicht mehr. Das können drei Tage oder auch zwei Wochen sein. Sie können sich im Vorhinein Synonyme für die Wörter überlegen und diese dann mithilfe der Synonyme umschreiben. Nach der festgesetzten Zeit können Sie die Wörter austauschen.

- **Rhetorik -Übung**
  Überlegen Sie sich drei Themen. Eines wofür Sie brennen und das Sie interessiert, eines das Sie nicht im Geringsten interessiert und eines, das im Mittelfeld liegt. Nun nehmen

Sie sich Zeit drei Themen zu finden – Haben Sie drei gefunden?
Danach stellen Sie sich den Timer oder den Wecker auf fünf Minuten und referieren Sie zu jeweils einem Thema genau fünf Minuten lang. Danach kommt das nächste Thema dran. Sie werden merken, wenn Sie ein Thema wählen, welches Ihnen nicht liegt, ist das schon eine Herausforderung. Aber das sollte es immerhin auch sein. Sie können zu zweit arbeiten und sich abwechseln oder Sie referieren vor einer Gruppe von Menschen. Dabei können Sie auch darauf achten, die von Ihnen neu gelernten Wörter zu verwenden.

- **Vor dem Spiegel üben**
  Natürlich ist bei der Kommunikation auch die Körperhaltung, die Gestik und Mimik wichtig. Sie können diese wichtigen Faktoren kontrollieren, indem Sie vor dem Spiegel eine Rede halten oder sich beim Reden und Gestikulieren mit der Kamera aufnehmen.
  Sie können auch Übungsvorträge vor Ihren Freunden halten und sie um Feedback bitten.

- **Spontanübungen**
  Üben Sie mit Freunden oder der Familie. Die Familienmitglieder beziehungsweise Freunde schlagen Ihnen ein Thema vor und Sie halten eine Rede darüber. Sie können sich auch abwechseln. Versuchen Sie auch hier Ihre neu erlernten Wörter beziehungsweise Fremdwörter zu gebrauchen.

Diese Tipps und Tricks werden Ihnen dabei helfen, neue Vokabeln zu finden und diese sinngemäß anzuwenden. Wenn Sie sich nicht sicher sind, ob ein Wort an einer gewissen Stelle richtig ist, umschreiben Sie es. Denn nichts ist peinlicher als ein falsch genutztes Wort an falscher Stelle.

Wenn Ihnen Wörter, nach denen Sie suchen nicht gleich einfallen, lassen Sie sich nicht unterkriegen und wiederholen Sie mit Ihren Karteikarten die Wörter erneut. Alles braucht Zeit, auch das Lernen von Vokabeln und Fremdwörtern.

Natürlich kann das übertriebene Benutzen von Fremdwörtern auch hinderlich sein. Achten Sie darauf nicht zwangsläufig viele Fremdwörter zu benutzen, sondern kommunizieren Sie besser reichhaltig und verwenden die Fremdwörter als Ergänzung.

Nun steht einem Start nichts mehr im Wege, nachfolgend finden Sie einige Fremdwörter mit Erklärung.

Fremdwörter von A bis Z in alphabetischer Reihenfolge

In diesem Abschnitt finden Sie Fremdwörter mit richtiger Aussprache, Erklärung und Beispielsätzen. Wenn Sie zukünftig die einen oder die anderen Worte verwenden möchten, gebe ich Ihnen den Tipp, diese mitzuschreiben, am besten auf Karteikarten. Sie können auch die Erklärungen und die Beispielsätze beim Lernen verwenden.

Ich wünsche viel Spaß beim Entdecken neuer Fremdwörter.

Fremdwörter beginnend mit A

adäquat

Aussprache/Betonung

[adɛˈkvaːt]

Deutsche Aussprache

a·de·kwaat

Herkunft

Adäquat leitet sich vom lateinischen Wort adaequatum (2. Partizipation von adaequare) ab, dieses bedeutet angleichen.

Wortart

Adjektiv

Bedeutung

angemessen, entsprechend

Beispiel für Gesprächssituation

Das ist keine adäquate Kleidung für den gegebenen Anlass.

Affront

Aussprache/Betonung

[aˈfrɔ̃ː] oder [aˈfrɔnt]

Deutsche Aussprache

a·frong

Herkunft

Das Wort Affront stammt aus dem Französischen – affront, zu affronter und bedeutet beleidigen, vor den Kopf stoßen

Wortart

Substantiv, maskulin

Bedeutung

Schmähung, herausfordernde Beleidigung, Kränkung

Beispielsatz

Der Brief wurde als Affront gewertet.

ambivalent

Aussprache/Betonung

[ambivaˈlɛnt]

Deutsche Aussprache

am·bii·wa·lent

Herkunft

Das Wort ambivalent stammt aus dem Lateinischen – ambi bedeutet von zwei Seiten und valens bedeutet stark, mächtig.

Wortart

Adjektiv

Bedeutung

in sich widersprüchlich, zwiespältig

Beispielsatz

Meine Gefühle zu ihm/ihr waren ambivalent.

antizipieren

Aussprache/Betonung

[antit͡siˈpiːʁən]

Deutsche Aussprache

an·tii·tsii·pii·ren

Herkunft

Das Wort antizipieren stammt aus dem Lateinischen von anticipare - ante (vor) und capere (nehmen).

Wortart

schwaches Verb

Bedeutung

Vorwegnehmen

Beispielsatz

Er kann ihre Gedanken antizipieren – er weiß, was sie sagen wird.

archaisch

Aussprache/Betonung

[aʁˈçaːɪʃ]

Deutsche Aussprache

ar·chaa·isch

Herkunft

Das Wort archaisch stammt vom griechischen Wort archaîos ab.

Wortart

Adjektiv

Bedeutung

- altertümlich
- der Frühzeit angehörend oder aus ihr überkommend
- älteren Schichten der Persönlichkeit angehörend
- der Frühstufe eines Stils (der Epoche der griechischen Kunst) angehörend

Beispielsatz

Seinem Sohn das Fernsehen zu verbieten oder seine Spielsachen zu entwenden, gehört zu den archaischen Erziehungsmethoden.

arkadisch

Betonung

ark<u>a</u>disch

Deutsche Aussprache

aar·kaa·disch

Herkunft

Ursprünglich bezogen auf die griechische Landschaft Arkadien.

Wortart

Adjektiv

Bedeutung

idyllisch, malerisch, verträumt, romantisch

Beispielsatz

Die Toskana ist eine arkadische Landschaft.

arriviert

Aussprache/Betonung

[aʁiˈviːɐ̯t]

Deutsche Aussprache

a·rii·wiirt

Herkunft

Das Wort arriviert kommt aus dem Französischen – arriver, das bedeutet ankommen.

Wortart

Adjektiv

Bedeutung

Erfolg haben, Ansehen erlangt haben

Beispielsatz

Neu gegründete Firmen orientieren sich oftmals an arrivierten Unternehmen.

ästimieren

Aussprache/Betonung

[ɛstiˈmiːʁən]

Deutsche Aussprache

e·stii·mii·ren

Herkunft

Das Wort ästimieren leitet sich vom französischen Wort estimer, lateinisch aestimare, zu aes = Geld, Vermögen, ab.

Wortart

schwaches Verb

Bedeutung

- jemanden als Persönlichkeit schätzen, ihm/ihr Aufmerksamkeit zuteilwerden lassen
- jemandes Leistungen entsprechend würdigen

Beispielsatz

Er scheint die Offerte nicht zu ästimieren.

Fremdwörter beginnend mit B

bacchantisch

Aussprache/Betonung

[baˈxantɪʃ]

Deutsche Aussprache

bac·chan·tisch

Herkunft

Das Wort bacchantisch kommt aus dem Lateinischen.

Wortart

Adjektiv

Bedeutung

ausgelassen, trunken, überschäumend

Beispielsatz

Die Geburtstagsfeier meines Bruders war dieses Jahr äußerst bacchantisch.

barisch

Betonung

barisch

deutsche Aussprache

baa·risch

Herkunft

Das Wort barisch leitet sich vom Wort Bar ab.

Wortart

Adjektiv

Bedeutung

den Luftdruck betreffend

Beispielsatz

In der Meteorologie spricht man über das barische Windgesetz.

biennal

Betonung

biennal

Deutsche Aussprache

bii·e·naal

Herkunft

Das Wort biennal leitet sich vom spätlateinischen Wort biennalis ab und bedeutet Zyklus

Wortart

Adjektiv

Bedeutung

- eine zweijährige Dauer aufweisend
- alle zwei Jahre stattfindend

Beispielsatz

Bestimmte Events finden biennal statt.

bigott

Aussprache/Betonung

[biˈgɔt]

Deutsche Aussprache

bii·got

Herkunft

Das Wort bigott leitet sich vom französischen Wort bigot ab und bedeutet Frömmler.

Wortart

Adjektiv

Bedeutung

- engherzig fromm
- scheinheilig

Beispielsatz

Die Aussage meines neuen Nachbarn erschien mir ziemlich bigott.

blasiert

Aussprache/Betonung

[blaˈziːɐ̯t]

Deutsche Aussprache

bla·siirt

Herkunft

Das Wort blasiert leitet sich vom französischen Wort blasé ab und bedeutet ursprünglich (von Flüssigkeiten) übersättigt; blaser bedeutet abstumpfen, abnutzen.

Wortart

Adjektiv

Bedeutung

überheblich, dünkelhaft, herablassend

Beispielsatz

Ein sehr vermögender Mann lächelte blasiert, als er von der Gehaltshöhe seines Bekannten erfuhr.

bonitieren

Aussprache/Betonung

[boniˈtiːʁən]

Deutsche Aussprache

bo·ni·tie·ren

Herkunft

Das Wort bonitieren kommt aus dem Lateinischen beziehungsweise Neulateinischem.

Wortart

schwaches Verb

Bedeutung

abschätzen, abstufen von Böden und auch Waren

Beispielsatz

Die Ernte wird regelmäßig über festgelegte Kriterien bonitiert.

burlesk

Aussprache/Betonung

[bʊʁˈlɛsk]

Deutsche Aussprache

bur·lesk

Herkunft

Das Wort burlesk kommt bezieht sich auf das französische Wort burlesque beziehungsweise das italienische Wort burlesco; burla bedeutet Posse, Spaß.

Wortart

Adjektiv

Bedeutung

von derber Komik, possenhaft

Beispielsatz

Die Szene im Film war von burlesker Komik.

Fremdwörter beginnend mit C

changieren

Aussprache/Betonung

[ʃɑ̃ˈʒiːrən]

Deutsche Aussprache

schong·zhii·ren

Herkunft

Das Wort changieren leitet sich von dem französischen Wort changer beziehungsweise dem spätlateinischen Wort cambiare ab und bedeutet wechseln.

Wortart

schwaches Verb

Bedeutung

- wechseln, tauschen, verändern
- verschiedenfarbig schillernd (Stoffe)

Beispielsätze

Sie betrat das Gebäude mit einer grün-gelb changierenden Jacke.

Die Aktienwerte changierten zwischen verschiedenen Kursen.

Charge

Aussprache/Betonung

[ˈʃarʒə]

Deutsche Aussprache

char·ge

Herkunft

Das Wort Charge leitet sich von dem französischen Wort charge ab und bedeutet Last.

Wortart

Substantiv, feminin

Bedeutung

- Amt, Rang
- Dienstgrad im Militär
- Produktionseinheit

Beispielsätze

Der Unteroffizier rückte in die nächst höhere Charge auf.

Das kommende Produkt soll in großen Chargen hergestellt werden.

Choleriker

Aussprache/Betonung

[koˈleːrɪkɐ]

Deutsche Aussprache

koo·lee·rii·ker

Herkunft

Das Wort Choleriker hat seinen Ursprung in der Typenlehre des altgriechischen Arztes Hippokrates.

Wortart

Substantiv, maskulin

Bedeutung

leidenschaftlicher, reizbarer Mensch

Beispielsatz

Der plötzliche Wutausbruch meines Bekannten ähnelte dem eines Cholerikers.

chronometrisch

Betonung

chronometrisch

Deutsche Aussprache

chro·no·me·t·risch

Herkunft

Das Wort chronometrisch bezieht sich auf die Zeitmessung.

Wortart

Adjektiv

Bedeutung

auf genauer Zeitmessung beruhend

Beispielsatz

Die Arbeitseinteilung in einer Produktionsstätte wird oftmals chronometrisch geregelt.

Cineast

Aussprache/Betonung

[sineˈast]

Deutsche Aussprache

si·ne·ast

Herkunft

Das Wort Cineast bezieht sich auf das französische Wort cinéaste und bedeutet Filmemacher.

Wortart

Substantiv, maskulin

Bedeutung

- Filmschaffender
- Filmkritiker, Filmkenner
- begeisterter Kinogänger

Beispielsatz

Der Cineast konnte es kaum abwarten, bis der Film losging.

Chlochard

Aussprache/Betonung

[klɔˈʃaːɐ̯]

Deutsche Aussprache

kloo·schaar

Herkunft

Das Wort Chlochard bezieht sich auf das französische Wort chlocard und bedeutet Stöcker.

Wortart

Substantiv, maskulin

Bedeutung

Stadtstreicher

Beispielsatz

Der Chlochard trieb sich in der Innenstadt herum.

Contenance

Aussprache/Betonung

[kɔ̃tə'nɑ̃ːs]

Deutsche Aussprache

kong·te·nongs

Herkunft

Das Wort Contenance kommt aus dem Französischen contenance beziehungsweise aus dem Lateinischen continentia und bedeutet das Ansichhalten, Mäßigung.

Wortart

Substantiv, feminin

Bedeutung

Fassung, Haltung

Beispielsatz

Als er von seiner unerwarteten Kündigung erfuhr, wahrte er die Contenance.

couragiert

Aussprache/Betonung

[kuraˈʒiːɐ̯t]

Deutsche Aussprache

cou·ra·giert

Herkunft

Das Wort couragiert leitet sich vom Wort Courage ab.

Wortart

Adjektiv

Bedeutung

beherzt, unerschrocken

Beispielsatz

Der junge Mann eilte der alten Dame bei einem Überfall couragiert zur Hilfe.

Crux

Aussprache/Betonung

[krʊks]

Deutsche Aussprache

kruks

Herkunft

Das Wort Crux leitet sich vom lateinischen Wort crux ab, welches „Kreuz“ bedeutet.

Wortart

Substantiv, feminin

Bedeutung

- Schwierigkeit
- Last, Kummer, Leid

Beispielsätze

Die Crux bei der Sache ist, dass man eine Leiter braucht, um nach oben zu gelangen.

Man hat schon seine Crux mit dir.

Fremdwörter beginnend mit D

da capo

Aussprache/Betonung

[da ˈkaːpo]

Deutsche Aussprache

da ca·po

Herkunft

Das Wort da capo kommt aus dem Italienischen da = von und capo = Kopf, beziehungsweise vom Lateinischen caput = vom Kopf an.

Wortart

Adjektiv

Bedeutung

- noch einmal von Anfang an (als Anweisung in der Notenschrift)
- Wiederholen! (Beifallsruf im Theater, Konzert usw.)

Beispielsatz

Der Musiker gestaltete den Chor in variierter da capo Form.

dantesk

Aussprache/Betonung

[danˈtɛsk]

Deutsche Aussprache

dan·tesk

Herkunft

Das Wort dantesk kommt vom italienischen Dichter Dante Alighieri.

Wortart

Adjektiv

Bedeutung

- in der Art / in den Worten Dantes
- sehr groß, erschreckend

Beispielsatz

Das Buch ist ein danteskes Drama.

Debakel

Aussprache/Betonung

[deˈbaːkl̩]

Deutsche Aussprache

dee·baa·kel

Herkunft

Das Wort Debakel leitet sich vom französischen Wort débâcle ab, welches plötzliche Auflösung bedeutet.

Wortart

Substantiv, Neutrum

Bedeutung

unheilvoller, unglücklicher Ausgang

Beispielsatz

Die Feier endete in einem Debakel.

decouragiert

Aussprache/Betonung

[dekuraˈʒiːɐ̯t]

Deutsche Aussprache

de·cou·ra·giert

Herkunft

Das Wort decouragiert leitet sich vom französischen Wort décourager ab, welches entmutigen bedeutet.

Wortart

Adjektiv

Bedeutung

mutlos, verzagt

Beispielsatz

Als er sein schlechtes Abschlusszeugnis erhielt, war er völlig decouragiert.

dedizieren

Aussprache/Betonung

[dediˈt͡siːʁən]

Deutsche Aussprache

dee·dii·tsii·ren

Herkunft

Das Wort dedizieren leitet sich vom lateinischen Wort dedicare ab, welches überliefernd, kundgeben bedeutet.

Wortart

schwaches Verb

Bedeutung

jemanden zueignen, für ihn bestimmen, widmen

Beispielsatz

Sie dedizierte den selbst verfassten Song ihrer Schwester.

Defätist

Aussprache/Betonung

[defɛˈtɪst]

Deutsche Aussprache

De·fä·tist

Herkunft

Das Wort Defätist leitet sich vom französischen Wort défaitiste ab.

Wortart

Substantiv, maskulin

Bedeutung

Person, die mut- und hoffnungslos ist

Beispielsatz

Der Defätist war am Boden zerstört.

defilieren

Aussprache/Betonung

[defiˈliːʁən]

Deutsche Aussprache

dee·fii·lii·ren

Herkunft

Das Wort defilieren leitet sich vom französischen Wort défiler ab, welches scrollen bedeutet.

Wortart

schwaches Verb

Bedeutung

feierlich an jemanden vorbeimarschieren

Beispielsatz

Die Soldaten defilierten bei dem Umzug.

deletär

Aussprache/Betonung

[deleˈtɛːɐ̯]

Deutsche Aussprache

de·le·tär

Herkunft

Das Wort deletär hat seinen Ursprung im Lateinischen beziehungsweise Neutaleinischen.

Wortart

Adjektiv

Bedeutung

schädlich, verderblich, tödlich

Beispielsatz

Die Verletzungen waren deletär.

drakonisch

Aussprache/Betonung

[dʁaˈkoːnɪʃ]

Deutsche Aussprache

dra·koo·nisch

Herkunft

Das Wort drakonisch ist nach dem athenischen Gesetzesreformer Drakon benannt, der für seine strengen Gesetze bekannt war.

Wortart

Adjektiv

Bedeutung

sehr streng

Beispielsatz

Nach dem Aufstand des Volkes leitete der König drakonische Maßnahmen ein.

durabel

Aussprache/Betonung

[duˈʁaːbl̩]

Deutsche Aussprache

duu·raa·bel

Herkunft

Das Wort durabel kommt nach dem lateinischen Wort durabalis.

Wortart

Adjektiv

Bedeutung

lange anhaltend, lange haltend

Beispielsatz

Die Messer waren scharf und durabel.

Fremdwörter beginnend mit E

echauffieren

Aussprache/Betonung

[eʃɔˈfiːʁən]

Deutsche Aussprache

e·scho·fii·ren

Herkunft

Das Wort echauffieren leitet sich vom französischen Wort échauffer ab und bedeutet erhitzen.

Wortart

schwaches Verb

Bedeutung

- sich durch Anstrengung erhitzen
- sich aufregen

Beispielsatz

Sie echauffierten sich dermaßen, so dass sie rot anliefen.

effilieren

Betonung

effilieren

Deutsche Aussprache

e·fii·lii·ren

Herkunft

Das Wort effilieren leitet sich vom französischen Wort effilier ab, welches Verjüngung bedeutet.

Wortart

schwaches Verb

Bedeutung

Haare beim Schneiden ausdünnen

Beispielsatz

Die Friseurin effilierte die dichten Haare des Kunden.

eklatant

Aussprache/Betonung

[ekla'tant]

Deutsche Aussprache

ee·kla·tant

Herkunft

Das Wort eklatant bezieht sich auf das französische Wort éclatant, was glühend bedeutet.

Wortart

Adjektiv

Bedeutung

- offensichtlich, auffällig, ins Auge springend
- sensationell, aufsehenerregend

Beispielsatz

Der Aufsatz wies eklatante Widersprüche auf.

Elaborat

Aussprache/Betonung

[elaboˈʁaːt]

Deutsche Aussprache

ee·la·boo·raat

Herkunft

Das Wort Elaborat bezieht sich auf das lateinische Wort elaboratum, was „das Ausgearbeitete" bedeutet.

Wortart

Substantiv, Neutrum

Bedeutung

- inhaltslos, nicht sehr sorgfältig hergestellte schriftliche Arbeit
- fertig gestellte schriftliche Arbeit

Überwiegend wird in diesem Zusammenhang die abwertende Form genutzt.

Beispielsatz

Die Lehrerin war nicht zufrieden, weil sie ein Elaborat ihres Schülers erhielt.

elidieren

Aussprache/Betonung

[eliˈdiːʁən]

Deutsche Aussprache

eli·die·ren

Herkunft

Das Wort elidieren bezieht sich auf das lateinische Wort elidere und bedeutet herausstoßen.

Wortart

schwaches Verb

Bedeutung

streichen, tilgen

Beispielsatz

Kurze, unbetonte Vokale werden in bestimmten Positionen elidiert.

eloquent

Aussprache/Betonung

[ˌeloˈkvɛnt]

Deutsche Aussprache

ee·lo·kwent

Herkunft

Das Wort eloquent bezieht sich auf das lateinische Wort eloquens und bedeutet beredt.

Wortart

Adjektiv

Bedeutung

fähig, sich angemessen auszudrücken

Beispielsatz

Der Anwalt formulierte die Vorwürfe äußerst eloquent.

emanieren

Betonung

emanieren

deutsche Aussprache

ee·ma·nii·ren

Herkunft

Das Wort emanieren bezieht sich auf das lateinische Wort emanare.

Wortart

schwaches Verb

Bedeutung

ausströmen

Beispielsatz

Es wurde leider zu spät bemerkt, dass das Gas emanierte.

exorbitant

Aussprache/Betonung

[ɛksʔɔʁbiˈtant]

Deutsche Aussprache

e·ksor·bii·tant

Herkunft

Das Wort exorbitant bezieht sich auf das lateinische Wort exorbitans = von der Bahn abweichend beziehungsweise vom rechten Weg abweichend.

Wortart

Adjektiv

Bedeutung

gewaltig, außergewöhnlich, enorm

Beispielsatz

Das sind ja exorbitante Preise für eine Mietwohnung.

Fremdwörter beginnend mit F

fabulieren

Aussprache/Betonung

[fabuˈliːʁən]

Deutsche Aussprache

fa·buu·lii·ren

Herkunft

Das Wort fabulieren bezieht sich auf das lateinische Wort fabulari und bedeutet umgekehrt.

Wortart

schwaches Verb

Bedeutung

- eine Fabel schreiben, mit Fantasie schreiben
- fantasievoll Texte schreiben

Beispielsatz

Er fabulierte und jeder der den Text las, fand ihn großartig.

Fanal

Aussprache/Betonung

[faˈnaːl]

Deutsche Aussprache

fa·naal

Herkunft

Das Wort Fanal bezieht sich auf das französische Wort fanal und bedeutet Leuchtfeuer.

Wortart

Substantiv, neutrum

Bedeutung

- Feuerzeichen, Leuchtfeuer
- Zeichen, welches ein bevorstehendes Ereignis ankündigt

Beispielsatz

Das Ereignis ist ein Fanal für die Jugend.

Fatum

Betonung

Fatum

Deutsche Aussprache

faa·tum

Herkunft

Das Wort Fatum bezieht sich auf das lateinische Wort fatum und bedeutet Schicksalsspruch.

Wortart

Substantiv, Neutrum

Bedeutung

dem Menschen bestimmtes Schicksal, Geschick, Verhängnis

Beispielsatz

Ihm ereilte plötzlich sein Fatum.

Fiasko

Aussprache/Betonung

[fiˈasko]

Deutsche Aussprache

fii·a·skoo

Herkunft

Das Wort Fiasko bezieht sich auf das lateinische Wort fiasco und bedeutet übersetzt durchfallen.

Wortart

Substantiv, Neutrum

Bedeutung

Misserfolg, Reinfall

Beispielsatz

Die Theateraufführung war das reinste Fiasko.

fidel

Aussprache/Betonung

[fiˈdeːl]

Deutsche Aussprache

fii·deel

Herkunft

Das Wort fidel bezieht sich auf das lateinische Wort fidelis und bedeutet übersetzt treu.

Wortart

Adjektiv

Bedeutung

in bester Laune

Beispielsatz

Als die Familie vom Einkauf nach Hause kam, sprang die fidele Hündin den Besitzer an.

filigran

Aussprache/Betonung

[fili'ɡʁaːn]

Deutsche Aussprache

fii·lii·graan

Herkunft

Das Wort filigran bedeutet wörtlich übersetzt gekörnter Draht von lateinisch filum = Faden und granum = Korn.

Wortart

Adjektiv

Bedeutung

- aus Filigran = ein Geflecht aus Drähten aus Edelmetallen wie Gold
- filigranähnliche Formen aufweisend
- sehr fein, feingliedrig

Beispielsatz

Das Schmuckstück wurde filigran verarbeitet.

flektieren

Aussprache/Betonung

[flɛk'tiːʁən]

Deutsche Aussprache

flek·tii·ren

Herkunft

Das Wort flektieren leitet sich vom lateinischen Wort flectere ab und bedeutet übersetzt beugen.

Wortart

schwaches Verb

Bedeutung

- ein Wort beugen, konjugieren
- von einem Wort eine grammatische Form bilden

Beispielsatz

Adjektive werden nach Kasus, Numerus und Genus flektiert.

forcieren

Aussprache/Betonung

[fɔʁˈsiːʁən]

Deutsche Aussprache

for·sii·ren

Herkunft

Das Wort forcieren leitet sich vom französischen Wort forcer ab und bedeutet übersetzt zwingen.

Wortart

schwaches Verb

Bedeutung

- mit Nachdruck betreiben
- ein besonderes Verhalten erzwingen

Beispielsatz

Der ambitionierte Geschäftsmann forciert den finanziellen Erfolg.

frappant

Aussprache/Betonung

[fʁaˈpant]

Deutsche Aussprache

fra·pant

Herkunft

Das Wort frappant leitet sich vom französischen Wort frappant ab und bedeutet übersetzt überraschen, verblüffen.

Wortart

Adjektiv

Bedeutung

in Erstaunen versetzen, auffallend

Beispielsatz

Sie wies frappante Ähnlichkeit mit ihrer Schwester auf.

frivol

Aussprache/Betonung

[fʁiˈvoːl]

Deutsche Aussprache

frii·wool

Herkunft

Das Wort frivol leitet sich vom französischen Wort frivole ab, welches auf das lateinische Wort frivolus zurückgeht.

Wortart

Adjektiv

Bedeutung

- frech, schamlos
- leichtfertig

Beispielsatz

Sie war bekannt für ihre frivole Weise.

Fremdwörter beginnend mit G

generaliter

Betonung

generaliter

Deutsche Aussprache

ge·ne·ra·li·ter

Herkunft

Das Wort generaliter leitet sich vom lateinischen Wort generaliter, Adverb von generalis, General, ab.

Wortart

Adverb

Bedeutung

im Allgemeinen, allgemein betrachtet

Beispielsatz

Generaliter gehört der Rottweiler der Gruppe der Hütehunde an.

generös

Aussprache/Betonung

[genəˈʁøːs]

Deutsche Aussprache

gee·ne·rös

Herkunft

Das Wort generös leitet sich vom französischen Wort généreux ab, beziehungsweise vom lateinischen Wort generosus ab und bedeutet übersetzt von guter Art.

Wortart

Adjektiv

Bedeutung

großzügig, großmütig

Beispielsatz

Das war eine äußerst generöse Geste.

Gent

Aussprache/Betonung

[dʒɛnt]

Deutsche Aussprache

dschent

Herkunft

Das Wort Gent ist eine Kurzform des Wortes Gentleman.

Wortart

Substantiv, maskulin

Bedeutung

feiner Mann

Beispielsatz

Der Gent war äußerst gut gekleidet.

gentil

Aussprache/Betonung

[ʒɛnˈtiːl], [ʒãnˈtiːl]

Deutsche Aussprache

dschen·til

Herkunft

Das Wort gentil leitet sich vom französischen Wort gentil ab und bedeutet übersetzt nett, freundlich.

Wortart

Adjektiv

Bedeutung

nett, liebenswürdig

Beispielsatz

Er benahm sich sehr gentil.

gerieren

Aussprache/Betonung

[geˈʁiːʁən]

Deutsche Aussprache

ge·rii·ren

Herkunft

Das Wort gerieren leitet sich vom lateinischen Wort se gerere ab und bedeutet übersetzt sich betragen.

Wortart

schwaches Verb

Bedeutung

sich auf eine bestimmte Art verhalten

Beispielsatz

Er geriert sich seit Wochen so, als hätte er den Test bereits bestanden.

Glorifizierung

Aussprache/Betonung

[gloʁifiˈt͡siːʁʊŋ]

Deutsche Aussprache

gloo·rii·fii·tsii·rung

Herkunft

Ableitung des Verbs glorifizieren mit Suffix -ung (Nachsilbe)

Wortart

Substantiv, feminin

Bedeutung

Verherrlichung

Beispielsatz

Eine Glorifizierung der Inhalte wäre fatal.

goutieren

Aussprache/Betonung

[guˈtiːʁən]

Deutsche Aussprache

guu·tii·ren

Herkunft

Das Wort goutieren, leitet sich vom französischen Wort gouter ab, übersetzt bedeutet dies probieren, kosten, genießen.

Wortart

schwaches Verb

Bedeutung

etwas schätzen

Beispielsatz

Ich goutiere meinen Nachbarn sehr, weil er sehr hilfsbereit ist.

grazil

Aussprache/Betonung

[gʁaˈt͡siːl]

Deutsche Aussprache

gra·tsiil

Herkunft

Das Wort grazil leitet sich vom lateinischen Wort gracilis ab, übersetzt bedeutet dies schlank, dürr.

Wortart

Adjektiv

Bedeutung

zart gebaut, zierlich

Beispielsatz

Meine Kollegin ist von graziler Statur.

grotesk

Aussprache/Betonung

[ɡʁoˈtɛsk]

Deutsche Aussprache

groo·tesk

Herkunft

Das Wort grotesk leitet sich vom französischen Wort grotesque ab, übersetzt bedeutet dies bizarr, lächerlich.

Wortart

Adjektiv

Bedeutung

durch Übersteigerung und Verzerrung lächerlich oder unsinnig wirkend

Beispielsatz

Die Situation war wirklich grotesk, bei allen Anwesenden machte sich Unbehagen breit.

Fremdwörter beginnend mit H

habil

Aussprache/Betonung

[haˈbiːl]

Deutsche Aussprache

ha·bil

Herkunft

Das Wort habil leitet sich vom lateinischen Wort habilis ab, übersetzt bedeutet dies praktisch.

Wortart

Adjektiv

Bedeutung

über die Fähigkeit verfügen etwas zu tun

Beispielsatz

Bei seiner Erfindung entdeckte der Entwickler ein Zufallsprodukt, welches sich als äußerst habil herausstellte.

habitualisieren

Aussprache/Betonung

[habituali'ziːʁən]

Deutsche Aussprache

ha·bi·tu·a·lie·sie·ren

Herkunft

Das Wort habitualisieren leitet sich vom lateinischen Wort habitus ab, übersetzt bedeutet dies Eigentümlichkeit.

Wortart

schwaches Verb

Bedeutung

an etwas gewöhnt werden, sich etwas angewöhnen

Beispielsatz

Er habitualisierte vier Mal die Woche Sport zu treiben.

Hasardeur

Aussprache/Betonung

[hazaʁˈdøːɐ̯]

Deutsche Aussprache

ha·sar·dör

Herkunft

Das Wort Hasardeur leitet sich vom französischen Wort harsader ab.

Wortart

Substantiv, maskulin

Bedeutung

jemand, der leichtsinnig ein hohes Risiko eingeht.

Beispielsatz

Der Hasardeur raste in schnellem Tempo die Straße hinab.

herkulisch

Aussprache/Betonung

[hɛʁˈkuːlɪʃ]

Deutsche Aussprache

her·ku·li·sch

Herkunft

Das Wort herkulisch ist eine Ableitung des Namens Herkules.

Wortart

Adjektiv

Bedeutung

- typische Eigenschaften des Herkules habend (Stärke)
- sehr schwierig, eine große Herausforderung darstellend

Beispielsatz

Er hatte eine herkulische Gestalt.

herostratisch

Betonung

herostratisch

deutsche Aussprache

hee·ros·traa·tisch

Wortart

Adjektiv

Bedeutung

aus Ruhmsucht Verbrechen begehen

Beispielsatz

Er hatte eine herostratische Art, die niemand leiden konnte.

holografisch

Aussprache/Betonung

[holoˈɡʁaːfɪʃ]

Deutsche Aussprache

hoo·loo·graa·fisch

Herkunft

Das Wort holografisch kommt aus dem Mittelgriechischen (holópraphos) und bedeutet eigenhändig geschrieben.

Wortart

Adjektiv

Bedeutung

- eigenhändig geschrieben
- die Holografie betreffend (Physik)

Beispielsatz

Das holografische Testament war kaum leserlich.

horrend

Aussprache/Betonung

[hɔˈʁɛnt]

Deutsche Aussprache

hor·rend

Herkunft

Das Wort horrend kommt aus dem Lateinischen – horrendus und ist verwandt mit dem lateinischen Wort herrere, übersetzt bedeutet dies erschrecken.

Wortart

Adjektiv

Bedeutung

Wirtschaft, Geld: deutlich mehr als normal (Zinsen, Miete, Preise)

Beispielsatz

In dieser Stadt waren die Preise für Immobilien horrend.

Hybris

Aussprache/Betonung

[ˈhyːbʁɪs]

Deutsche Aussprache

hüh·bris

Herkunft

Das Wort Hybris leitet sich vom altgriechischen Substantiv hýbris ab, welches Vermessenheit bedeutet.

Wortart

Substantiv, feminin

Bedeutung

Hochmut, Vermessenheit, Überheblichkeit

Beispielsatz

Mein Freund wurde plötzlich Millionär und war anschließend leider von starker Hybris gezeichnet.

Hypochonder

Aussprache/Betonung

[hypoˈxɔndɐ]

Deutsche Aussprache

hüh·poo·chon·der

Herkunft

Das Wort Hypochonder leitet sich vermutlich vom Französischen ab.

Wortart

Substantiv, maskulin

Bedeutung

eine Person, die sich selbst einbildet krank zu sein.

Beispielsatz

Er war ein Hypochonder, der stets Schmerzen verspürte.

Fremdwörter beginnend mit I

immanent

Aussprache/Betonung

[ɪmaˈnɛnt]

Deutsche Aussprache

i·ma·nent

Herkunft

Das Wort immanent leitet sich vom lateinischen Wort immanere ab.

Wortart

Adjektiv

Bedeutung

- vorstellbar
- innewohnend

Beispielsatz

Das war ein immanentes Problem, welches sich ergeben hatte.

imminent

Betonung

imminent

deutsche Aussprache

i·mii·nent

Herkunft

Das Wort imminent leitet sich vom französischen Wort imminent ab, übersetzt bedeutet dies nahe bevorstehen, drohen.

Wortart

Adjektiv

Bedeutung

drohend, nahe bevorstehend

Beispielsatz

Eine imminente Gefahr tat sich auf.

impertinent

Aussprache/Betonung

[ɪmpɛʁtiˈnɛnt]

Deutsche Aussprache

im·per·tii·nent

Herkunft

Das Wort impertinent leitet sich vom französischen Wort impertinent ab, übersetzt bedeutet dies ungehörig.

Wortart

Adjektiv

Bedeutung

aufdringlich, unverschämt, vorlaut

Beispielsatz

Diese Aussage kam ihm impertinent vor, aber er dachte nicht weiter darüber nach.

Implikation

Aussprache/Betonung

[ˌɪmplikaˈt͡si̯oːn]

Deutsche Aussprache

im·plii·ka·tsii·oon

Herkunft

Das Wort Implikation leitet sich vom lateinischen Wort implicato ab, übersetzt bedeutet dies Verflechtung.

Wortart

Substantiv, feminin

Bedeutung

- Einbeziehung von etwas in etwas anderes
- Logik, Mathematik: Verbindung von zwei Aussagen durch wenn, dann

Beispielsatz

Die Implikation der Arten war eindeutig.

Impression

Aussprache/Betonung

[ɪmpʁɛˈsi̯oːn]

Deutsche Aussprache

Im·pres·sion

Herkunft

Das Wort Impression leitet sich vom französischen Wort impression ab, übersetzt bedeutet dies Eindruck.

Wortart

Substantiv, feminin

Bedeutung

Eindruck, gefühlsmäßig oder durch Sinneswahrnehmung gewonnen.

Beispielsatz

Auf unserer Weltreise haben wir neue Impressionen gewonnen.

inakkurat

Betonung

i̲nakkurat

Deutsche Aussprache

i·na·kuu·raat

Herkunft

Das Wort inakkurat leitet sich aus dem Lateinischen ab.

Wortart

Adjektiv

Bedeutung

unsorgfältig

Beispielsatz

Der Schüler gab eine inakkurate Hausarbeit ab.

indizieren

Aussprache/Betonung

[ɪndiˈt͡siːʁən]

Deutsche Aussprache

in·dii·tsii·ren

Herkunft

Das Wort indizieren leitet sich vom französischen Wort indiquer ab, was übersetzt anzeigen bedeutet.

Wortart

schwaches Verb

Bedeutung

- in ein Register aufnehmen
- Medizin: sinnvoll sein

Beispielsatz

In bestimmten Ländern werden viel mehr Computerspiele indiziert als in anderen.

irreduzibel

Betonung

irreduzibel

Deutsche Aussprache

i·ree·duu·tsii·bel

Herkunft

Das Wort irreduzibel leitet sich vom lateinischen Wort reducere ab, was übersetzt zurückführen bedeutet.

Wortart

Adjektiv

Bedeutung

nicht zurückführbar, nicht von etwas anderem ableitbar

Beispielsatz

Die irreduzible Erfahrung ist ein Korrektiv der Kritik.

irreversibel

Aussprache/Betonung

[ɪʁevɛʁˈziːbl̩]

deutsche Aussprache

ir·ree·wer·sii·bel

Herkunft

Das Wort irreversibel leitet sich vom Wort reversibel ab, welches sich wiederum vom lateinischen Wort reversum ableitet.

Wortart

Adjektiv

Bedeutung

nicht rückgängig zu machen, nicht umkehrbar

Beispielsatz

In der Physik finden sich viele irreversiblen Zustandsänderungen wieder.

Fremdwörter beginnend mit J

Jargon

Aussprache/Betonung

[ʒaʁˈɡɔŋ], [ʒaʁˈɡɔ̃ː]

Deutsche Aussprache

zhaar·gong

Herkunft

Das Wort Jargon leitet sich vom französischen Wort jargon ab, was übersetzt Kauderwelsch bedeutet.

Wortart

Substantiv, maskulin

Bedeutung

Art und Weise sich auszudrücken

Beispielsatz

Sie sprachen in solch einem Jargon, dass er kein Wort verstand.

Jeremiade

Aussprache/Betonung

[jereˈmi̯aːdə]

Deutsche Aussprache

Je·re·mi·a·de

Herkunft

Das Wort Jeremiade leitet sich nach dem biblischen Propheten Jeremias ab.

Wortart

Substantiv, feminin

Bedeutung

wortreiche, bewegte Klage

Beispielsatz

Sie wollte sich unter keinen Umständen seine Jeremiade anhören.

Jour fixe

Aussprache/Betonung

[ˈʒuːɐ̯ ˈfiks]

Deutsche Aussprache

zhuur fi·kse

Herkunft

Das Wort Jour fixe leitet sich vom Französischen ab – jour fixe aus jour und fixe = festgesetzt.

Wortart

Substantiv, maskulin

Bedeutung

regelmäßig stattfindendes Treffen

Beispielsatz

Der Jour fixe war wieder mal ein voller Erfolg.

jovial

Aussprache/Betonung

[joˈvi̯aːl]

Deutsche Aussprache

yoo·wii·aal

Herkunft

Das Wort jovial leitet sich vom französischen Wort jovial ab, übersetzt bedeutet dies gemütlich.

Wortart

Adjektiv

Bedeutung

freundlich, entgegenkommend

Beispielsatz

Der Chef klopfte seinem Mitarbeiter jovial auf die Schulter.

Fremdwörter beginnend mit K

kakofonisch

Betonung

kakofonisch

Deutsche Aussprache

ka·ko·pho·nisch

Wortart

Adjektiv

Bedeutung

misstönend, schlecht klingend

Beispielsatz

Der Gesang war kakofonisch.

Kalamität

Aussprache/Betonung

[ˌkalamiˈtɛːt]

Deutsche Aussprache

ka·la·mii·teet

Herkunft

Das Wort Kalamität leitet sich vom lateinischen Wort calamitas ab, übersetzt bedeutet dies Schaden oder Unheil.

Wortart

Substantiv, feminin

Bedeutung

missliche, schlimme Lage

Beispielsatz

Ich stecke in Kalamitäten, weil ich den Bus verpasst habe und somit mein Vorstellungsgespräch verpassen werde.

kantabel

Betonung

kantabel

Deutsche Aussprache

kan·ta·bel

Herkunft

Das Wort kantabel leitet sich vom italienischen Wort cantabile ab, übersetzt bedeutet dies singbar.

Wortart

Adjektiv

Bedeutung

- sangbar
- gesanglich vorgetragen, klingend

Beispielsatz

Für die kantablen Passagen nahm er sich mehr Zeit.

kaprizieren

Aussprache/Betonung

[kapʁiˈt͡siːʁən]

Deutsche Aussprache

ka·p·ri·zie·ren

Herkunft

Das Wort kaprizieren leitet sich vom Substantiv Kaprice (eigensinniger Einfall) ab.

Wortart

schwaches Verb

Bedeutung

sich überstürzt auf etwas festlegen

Beispielsatz

Er kaprizierte sich darauf das Haus zu kaufen.

kapriziös

Aussprache/Betonung

[kapʁiˈt͡si̯øːs]

Deutsche Aussprache

ka·prii·tsii·ös

Herkunft

Das Wort kapriziös leitet sich französischen Wort capricieux ab, was launisch bedeutet.

Wortart

Adjektiv

Bedeutung

launisch, unberechenbar auf attraktive Weise

Beispielsatz

Der Sonnenschein machte der Wettervorhersage einen kapriziösen Strich durch die Rechnung.

karitativ

Aussprache/Betonung

[kaʁitaˈtiːf]

Deutsche Aussprache

ka·rii·ta·tiif

Herkunft

Das Wort karitativ leitet sich vom Substantiv Karitas ab.

Wortart

Adjektiv

Bedeutung

auf der Karitas beruhend – armen und kranken Menschen helfend

Beispielsatz

Die Spenden flossen karitativen Zwecken zu.

kohärent

Aussprache/Betonung

[ˌkohɛˈʁɛnt]

Deutsche Aussprache

koo·he·rent

Herkunft

Das Wort kohärent leitet sich vom lateinischen Wort cohaerens ab, dies bedeutet zusammenhängend.

Wortart

Adjektiv

Bedeutung

zusammenhängend, verbunden mit

Beispielsatz

Der Inhalt der schriftlichen Ausarbeitung des Schülers war nicht kohärent.

kurativ

Aussprache/Betonung

kurati̲v

Deutsche Aussprache

kuu·ra·tiif

Herkunft

Das Wort kurativ leitet sich vom lateinischen Wort curare ab, dies bedeutet kurieren.

Wortart

Adjektiv

Bedeutung

heilend, heilsam

Beispielsatz

Das Medikament wurde aus kurativen Pflanzen gewonnen.

Fremdwörter beginnend mit L

Lamento

Aussprache/Betonung

[laˈmɛnto]

Deutsche Aussprache

laa·men·too

Herkunft

Das Wort Lamento leitet sich vom italienischen Wort lamento ab, dies bedeutet übersetzt Klagesang.

Wortart

Substantiv, Neutrum

Bedeutung

- Gejammer
- Trauergesang

Beispielsatz

Sie fielen in ein lautes Lamento über die bevorstehenden Kosten.

lancieren

Aussprache/Betonung

[lɑ̃ˈsiːʁən]

Deutsche Aussprache

la·sii·ren

Herkunft

Das Wort lancieren leitet sich vom französischen Wort lancer ab, dies bedeutet übersetzt schleudern.

Wortart

schwaches Verb

Bedeutung

- an die Öffentlichkeit bringen
- an einen günstigen Platz, in eine vorteilhafte Position bringen
- einer Person oder Sache durch bestimmte Maßnahmen zur Bekanntheit verhelfen

Beispielsatz

Der Einfluss seines guten Freundes lancierte seine Karriere.

lanzinieren

Betonung

lanzin<u>ie</u>ren

Deutsche Aussprache

lan·zi·nie·ren

Herkunft

Das Wort lanzinieren stammt aus dem Lateinisch-Französischen.

Wortart

Verb

Bedeutung

plötzlich und heftig zu schmerzen beginnen

Beispielsatz

Die Wunde lanzinierte und der Patient stöhnte auf.

lapidar

Aussprache/Betonung

[ˌlapiˈdaːɐ̯]

Deutsche Aussprache

la·pii·daar

Herkunft

Das Wort lapidar stammt aus dem Französischen – lapidaire, übersetzt bedeutet das steinern.

Wortart

Adjektiv

Bedeutung

kurz und knapp, mit wenigen Worten auskommend

Beispielsatz

Zu der Überraschung des Lehrers war der Vortrag des Schülers sehr lapidar.

larmoyant

Aussprache/Betonung

[laʁmo̯aˈjant]

Deutsche Aussprache

lar·moo·yant

Herkunft

Das Wort larmoyant stammt aus dem Französischen – larmoyer, übersetzt bedeutet dies weinen, jammern, tränen.

Wortart

Adjektiv

Bedeutung

weinerlich, rührselig, mit zu viel Gefühl und Selbstmitleid

Beispielsatz

Meine Chefin hatte einen larmoyanten Abschied in den Ruhestand.

latent

Aussprache/Betonung

[laˈtɛnt]

Deutsche Aussprache

la·tent

Herkunft

Das Wort latent stammt aus dem Lateinischen – latens; latentis, übersetzt bedeutet dies verborgen sein.

Wortart

Adjektiv

Bedeutung

vorhanden aber noch nicht erkennbar, versteckt, verborgen

Beispielsatz

Die Gefahr ist noch latent.

leger

Aussprache/Betonung

[leˈʒɛːɐ̯], [leˈʒeːɐ̯]

Deutsche Aussprache

lee·ger

Herkunft

Das Wort leger leitet sich vom französischen Wort leger ab und bedeutet leicht.

Wortart

Adjektiv

Bedeutung

leicht, bequem (meist in Zusammenhang mit Kleidung)

Beispielsatz

„Gehst du leger oder schick zu dem vereinbarten Treffen?“

lentando

Betonung

lentando

Deutsche Aussprache

len·tan·do

Herkunft

Das Wort lentando leitet sich vom italienischen Wort lentando ab und bedeutet verlangsamen.

Wortart

Adverb

Bedeutung

nach und nach langsamer, zögernd

Beispielsatz

Der Zug fuhr lentando in den Bahnsteig ein.

leptosom

Betonung

leptosom

Deutsche Aussprache

lep·too·soom

Herkunft

Das Wort leptosom leitet sich vom griechischen Wort soma ab und bedeutet Körper.

Wortart

Adjektiv

Bedeutung

schmal, schlankwüchsig

Beispielsatz

Er war von leptosomer Gestalt.

lombardieren

Betonung

lombardi̲e̲ren

Deutsche Aussprache

lom·baar·dii·ren

Herkunft

Das Wort lombardieren stammt aus dem Italienisch-Französischen.

Wortart

schwaches Verb

Bedeutung

Wertpapiere oder Waren bankmäßig beleihen

Beispielsatz

Sie lombardierten ihre Aktien.

lukullisch

Aussprache/Betonung

[luˈkʊlɪʃ]

Deutsche Aussprache

luu·kul·lisch

Herkunft

Das Wort lukullisch leitet sich von dem altrömischen Feldherrn Konsuls Lucullus ab, der ein großer Genießer und für seine üppigen Tafeln bekannt war.

Wortart

Adjektiv

Bedeutung

üppig

Beispielsatz

Sie bereitete ihm ein lukullisches Mahl zu.

Fremdwörter beginnend mit M

Machination

Aussprache/Betonung

[maxinaˈt͡si̯oːn]

Deutsche Aussprache

Ma·chi·na·ti·on

Herkunft

Das Wort Machination stammt aus dem Lateinischen.

Wortart

Substantiv, feminin

Bedeutung

- Ränke, Machenschaften
- listiger Anschlag

Beispielsatz

Er gestand seine Machinationen.

machulle

Aussprache/Betonung

[maˈxʊlə]

Deutsche Aussprache

ma·ch·ulle

Herkunft

Das Wort machulle stammt aus dem Hebräischen - meḵūlæ(h) und bedeutet zu Ende gegangen.

Wortart

Adjektiv

Bedeutung

- bankrott
- ermüdet, erschöpft
- verrückt

Beispielsatz

Ihr war klar, dass sie nach der Wirtschaftskrise machulle sein wird.

makaber

Aussprache/Betonung

[maˈkaːbɐ]

Deutsche Aussprache

ma·kaa·ber

Herkunft

Das Wort makaber stammt aus dem Französischen – macabre und ist eine Abkürzung von danse macabre, dies bedeutet Totentanz.

Wortart

Adjektiv

Bedeutung

- eine groteske Form von Humor
- gespenstisch

Beispielsatz

Sie hat einen ausgesprochen makabren Humor.

malade

Aussprache/Betonung

[maˈlaːdə]

Deutsche Aussprache

ma·laa·de

Herkunft

Das Wort malade stammt aus dem Französischen – malade und bedeutet in schlechtem Zustand befindlich.

Wortart

Adjektiv

Bedeutung

sich krank fühlen

Beispielsatz

Sie fühlte sich malade und blieb zu Hause.

Malheur

Aussprache/Betonung

[maˈløːɐ̯]

Deutsche Aussprache

ma·lör

Herkunft

Das Wort Malheur stammt aus dem Französischen – malheur.

Wortart

Substantiv, Neutrum

Bedeutung

Unglücksfall, Missgeschick, Pech

Beispielsatz

Mir ist ein Malheur passiert.

maliziös

Aussprache/Betonung

[ˌmaliˈt͡si̯øːs]

Deutsche Aussprache

ma·lii·tsii·ös

Herkunft

Das Wort maliziös stammt aus dem Französischen – malicieux, dies bedeutet bösartig.

Wortart

Adjektiv

Bedeutung

boshaft, hämisch, giftig

Beispielsatz

Die Bemerkung war äußerst maliziös.

marginal

Aussprache/Betonung

[maʁgiˈnaːl]

Deutsche Aussprache

mar·gi·nal

Herkunft

Das Wort marginal stammt aus dem Lateinischen – marginalis, dies bedeutet übersetzt Randgruppe.

Wortart

Adjektiv

Bedeutung

- am Rande liegend, auf der Grenze liegend
- etwas Nebensächliches

Beispielsatz

Die Probleme sind marginal.

marode

Aussprache/Betonung

[maˈʁoːdə]

Deutsche Aussprache

ma·roo·de

Herkunft

Das Wort marode leitet sich ursprünglich von der Soldatensprache des 30-jährigen Krieges ab. Marschunfähig und während des Nachziehens plündernd, zu französisch maraud – bedeutet Lump.

Wortart

Adjektiv

Bedeutung

- unpässlich (veraltet)
- über ein Geschäft: nicht mehr funktionsfähig, kaputt

Beispielsatz

Der marode Laden ging bankrott.

martialisch

Aussprache/Betonung

[maʁˈt͡si̯aːlɪʃ]

Deutsche Aussprache

mar·tsii·aa·lisch

Herkunft

Das Wort martialisch leitet sich vom Lateinischen ab – Martialis und bedeutet zum Gott Mars gehörend.

Wortart

Adjektiv

Bedeutung

grausam, kriegerisch, furchterregend

Beispielsatz

Er ist ein martialischer Krieger.

meschant

Betonung

meschant

Deutsche Aussprache

mee·chant

Herkunft

Das Wort meschant leitet sich vom französischen Wort mechant ab und bedeutet Unglück haben.

Wortart

Adjektiv

Bedeutung

boshaft, ungezogen, niederträchtig

Beispielsatz

Lächelnd starrte der meschante Mann sie an.

mondän

Aussprache/Betonung

[mɔnˈdɛːn]

Deutsche Aussprache

mon·deen

Herkunft

Das Wort mondän leitet sich vom französischen Wort mondain ab und bedeutet weltgewandt.

Wortart

Adjektiv

Bedeutung

auf eine modisch elegante Erscheinung bedacht

Beispielsatz

Die mondäne Dame war gut gekleidet und gut betucht.

Fremdwörter beginnend mit N

nebulös

Aussprache/Betonung

[nebuˈløːs]

Deutsche Aussprache

nee·buu·lös

Herkunft

Das Wort nebulös leitet sich vom französischen Wort nébuleux ab und bedeutet neblig, dunkel.

Wortart

Adjektiv

Bedeutung

verschwommen, unklar

Beispielsatz

Seine Ideen kamen mir nebulös vor.

Nexus

Aussprache/Betonung

[ˈnɛksʊs]

Deutsche Aussprache

ne·ksus

Herkunft

Das Wort Nexus leitet sich vom lateinischen Wort nexus ab und bedeutet das Zusammenknüpfen.

Wortart

Substantiv, maskulin

Bedeutung

Verbindung, Zusammenhang

Beispielsatz

Er konnte in diesem Fall keinen Nexus erkennen.

nivellieren

Aussprache/Betonung

[nivɛˈliːʁən]

Deutsche Aussprache

nii·we·lii·ren

Herkunft

Das Wort nivellieren leitet sich vom französischen Wort niveler ab und bedeutet Niveau.

Wortart

schwaches Verb

Bedeutung

ausgleichen, begleichen, auf das gleiche Niveau bringen

Beispielsatz

Der Chef nivelliert die unterschiedlichen Einkommen der Mitarbeiter.

nonchalant

Aussprache/Betonung

[ˌnõʃaˈlɑ̃ː], [ˌnõʃaˈlant]

Deutsche Aussprache

noo·scha·laa

Herkunft

Das Wort nonchalant leitet sich vom französischen Wort nonchalant ab und bedeutet übersetzt sich nicht kümmern, gleichgültig bleiben.

Wortart

Adjektiv

Bedeutung

ungezwungen, lässig

Beispielsatz

Er sah nonchalant darüber hinweg.

Novität

Aussprache/Betonung

[ˌnoviˈtɛːt]

Deutsche Aussprache

noo·wii·teet

Herkunft

Das Wort Novität leitet sich vom lateinischen Wort novitas ab und bedeutet übersetzt Neuheit.

Wortart

Substantiv, feminin

Bedeutung

Neuigkeiten

Beispielsatz

Es wird spannend, wenn der Verlag seine Novitäten veröffentlicht.

Fremdwörter beginnend mit O

obligat

Aussprache/Betonung

[obliˈɡaːt]

Deutsche Aussprache

o·blii·gaat

Herkunft

Das Wort obligat leitet sich vom lateinischen Wort obligatus beziehungsweise obligare ab und bedeutet übersetzt anbinden, verbinden, verpflichten.

Wortart

Adjektiv

Bedeutung

- unerlässlich, erforderlich
- regelmäßig dazugehörend, üblich

Beispielsatz

Der obligate Blumenstrauß stand in einer prunkvollen Vase am Fenster.

obskur

Aussprache/Betonung

[ɔpsˈkuːɐ̯]

Deutsche Aussprache

op·skuur

Herkunft

Das Wort obskur leitet sich vom lateinischen Wort obscurus ab und bedeutet übersetzt dunkel, bedeckt.

Wortart

Adjektiv

Bedeutung

- anrüchig, von schlechtem Ruf
- unbekannt, mysteriös

Beispielsatz

Er kaufte das Schmuckstück bei einem obskuren Händler.

obsolet

Aussprache/Betonung

[ɔpzoˈleːt]

Deutsche Aussprache

op·soo·leet

Herkunft

Das Wort obsolet leitet sich vom lateinischen Wort obsoletus ab und bedeutet übersetzt unscheinbar, abgenutzt, abgetragen.

Wortart

Adjektiv

Bedeutung

- außer Gebrauch geraten
- überflüssig geworden

Beispielsatz

Die Begriffe, die du verwendet hast, sind längst obsolet geworden.

Odium

Aussprache/Betonung

[ˈoːdi̯ʊm]

Deutsche Aussprache

odi·um

Herkunft

Das Wort Odium leitet sich vom lateinischen Wort odium ab und bedeutet übersetzt Feindschaft.

Wortart

Substantiv, Neutrum

Bedeutung

übler Beigeschmack

Beispielsatz

Das Odium des Kriegs zerrte an ihm.

olfaktorisch

Aussprache/Betonung

[ɔlfakˈtoːʁɪʃ]

Deutsche Aussprache

ol·fak·too·risch

Herkunft

Das Wort olfaktorisch leitet sich vom lateinischen Wort olfactorius ab und bedeutet übersetzt riechend.

Wortart

Adjektiv

Bedeutung

den Geruchssinn betreffend

Beispielsatz

Der olfaktorische Sinn ist einer der Hauptsinne des Menschen.

ominös

Aussprache/Betonung

[omiˈnøːs]

Deutsche Aussprache

o·mii·nös

Herkunft

Das Wort ominös leitet sich vom französischen Wort omineux ab und bedeutet übersetzt bedrohlich.

Wortart

Adjektiv

Bedeutung

- verdächtig, zwielichtig
- zweifelhaft, anrüchig
- seltsam, unheimlich

Beispielsatz

Er lächelte ominös und sie vermutete nichts Gutes.

opulent

Aussprache/Betonung

[opuˈlɛnt]

Deutsche Aussprache

oo·puu·lent

Herkunft

Das Wort opulent leitet sich vom lateinischen Wort opulentus ab und bedeutet übersetzt Leichtigkeit.

Wortart

Adjektiv

Bedeutung

üppig, reich

Beispielsatz

Das opulente Essen war wirklich schmackhaft.

Fremdwörter beginnend mit P

panchromatisch

Betonung

panchrom<u>a</u>tisch

Deutsche Aussprache

pan·chro·ma·tisch

Herkunft

Das Wort panchromatisch leitet sich vom Griechisch-Neulateinischen ab.

Wortart

Adjektiv

Bedeutung

empfindlich für alle Spektralbereiche und Farben (von Filmmaterial)

Beispielsatz

Die Wahrnehmung der Graustufen entspricht in panchromatischen Filmen dem Helligkeitseindruck des Auges.

Paradigma

Aussprache/Betonung

[paʁaˈdɪgma]

Deutsche Aussprache

pa·ra·dig·maa

Herkunft

Das Wort Paradigma leitet sich vom lateinischen Wort paradigma ab, übersetzt bedeutet dies sehen, vorzeigen.

Wortart

Substantiv, Neutrum

Bedeutung

- Muster, Beispiel
- kurze Erzählung, die in Beispielen eine moralische Lehre enthält
- Denkmuster, Schema
- grundlegende, wissenschaftliche Denkweise

Beispielsatz

Sie folgt in ihrem Arbeitsleben einem bestimmten Paradigma.

Paradoxie

Aussprache/Betonung

[paʁadɔˈksiː]

Deutsche Aussprache

pa·ra·do·ksii

Herkunft

Das Wort Paradoxie leitet sich vom griechischen Wort paradoxia ab, übersetzt bedeutet dies Verwunderung über einen sinnwidrigen Sachverhalt.

Wortart

Substantiv, feminin

Bedeutung

widersprüchlicher Sachverhalt

Beispielsatz

Eine Paradoxie kennzeichnete die Situation.

partout

Aussprache/Betonung

[paʁˈtuː]

Deutsche Aussprache

par·tuu

Herkunft

Das Wort partout leitet sich vom französischen Wort partout ab, übersetzt bedeutet dies überall.

Wortart

Adverb

Bedeutung

auf jeden Fall

Beispielsatz

Er will partout nicht dorthin.

pekuniär

Aussprache/Betonung

[pekuˈni̯ɛːɐ̯]

Deutsche Aussprache

pe·kuu·nii·eer

Herkunft

Das Wort pekuniär leitet sich vom französischen Wort pecuniare ab, übersetzt bedeutet dies Geld.

Wortart

Adjektiv

Bedeutung

finanziell, monetär

Beispielsatz

Sie lebt in guten pekuniären Verhältnissen.

prononcieren

Aussprache/Betonung

[pʁonɔ̃ˈsiːʁən]

Deutsche Aussprache

pro·non·cie·ren

Herkunft

Das Wort prononcieren leitet sich vom französischen Wort prononcer ab, übersetzt bedeutet dies aussprechen.

Wortart

schwaches Verb

Bedeutung

aussprechen, betonen

Beispielsatz

Er prononcierte sein Versprechen nochmals.

Fremdwörter beginnend mit Q

Querulant

Aussprache/Betonung

[kveʁuˈlant]

Deutsche Aussprache

kwee·ruu·lant

Herkunft

Das Wort Querulant leitet sich vom mittelalterlichen Wort querulans ab, übersetzt bedeutet dies sich beklagen.

Wortart

Substantiv, maskulin

Bedeutung

Person, die sich ständig beklagt

Beispielsatz

Er bezeichnete ihn als Querulanten, als er sich wieder mal beschwerte.

Quintessenz

Aussprache/Betonung

[ˈkvɪntʔɛˌsɛnt͡s]

Deutsche Aussprache

kwin·te·sents

Herkunft

Das Wort Quintessenz leitet sich vom lateinischen Wort quinta essentia ab, übersetzt bedeutet dies die fünfte Essenz.

Wortart

Substantiv, feminin

Bedeutung

- das Wesen einer Sache
- fünftes Element

Beispielsatz

Die Quintessenz seiner Rede lässt sich in fünf Worten zusammenfassen.

Quisquilie

Betonung

Quisquilie

Deutsche Aussprache

quis·qui·lie

Herkunft

Das Wort Quisquilie stammt aus dem Lateinischen.

Wortart

Substantiv, feminin

Bedeutung

Belanglosigkeit

Beispielsatz

Es schien wie eine Quisquilie, doch es war von Bedeutung.

quotidian

Betonung

quotidian

Deutsche Aussprache

quo·ti·di·an

Herkunft

Das Wort quotidian stammt aus dem Lateinischen.

Wortart

Adjektiv

Bedeutung

täglich

Beispielsatz

Er erledigt die quotidianen Aufgaben.

Fremdwörter beginnend mit R

remontant

Aussprache/Betonung

[remɔ̃ˈtant]

Deutsche Aussprache

ree·mon·tant

Herkunft

Das Wort remontant leitet sich vom französischen Wort remontant ab und bedeutet aufsteigen.

Wortart

Adjektiv

Bedeutung

(nach der Hauptblüte) nochmals blühend

Beispielsatz

Alle Blumen in diesem Garten sind remontant.

redundant

Aussprache/Betonung

[ʁedʊnˈdant]

Deutsche Aussprache

ree·dun·dant

Herkunft

Das Wort redundant stammt aus dem Englischen und wird seit dem 19. Jahrhundert verwendet.

Wortart

Adjektiv

Bedeutung

mehrfach vorhanden, wiederholt

Beispielsatz

Es gibt in jeder Sprache redundante Erscheinungen.

rekursiv

Aussprache/Betonung

[ʁekʊʁˈziːf]

Deutsche Aussprache

ree·kur·siif

Wortart

Adjektiv

Bedeutung

- sich selbst aufrufend
- mehrfaches Auftreten gleicher Sprachformen

Beispielsatz

In manchen Wortbildungen kommen rekursive Strukturen vor.

repetitiv

Aussprache/Betonung

[ʁepetiˈtiːf]

Deutsche Aussprache

re·pe·ti·tiv

Herkunft

Das Wort repetitiv leitete sich vom englischen Wort repetitive ab.

Wortart

Adjektiv

Bedeutung

sich wiederholend

Beispielsatz

Er geht in seiner täglichen Arbeit repetitiven Tätigkeiten nach.

Reputation

Aussprache/Betonung

[ʁeputaˈt͡si̯oːn]

Deutsche Aussprache

ree·puu·ta·tsii·oon

Herkunft

Das Wort Reputation leitet sich vom französischen Wort reputation ab und bedeutet übersetzt Ansehen, Ruf.

Wortart

Substantiv, feminin

Bedeutung

Ansehen, Ruf

Beispielsatz

Er genoss eine gute Reputation.

Ressentiment

Aussprache/Betonung

[ʁɛsɑ̃tiˈmɑ̃ː], [ʁəsɑ̃tiˈmɑ̃ː]

Deutsche Aussprache

re·song·tii·mong

Herkunft

Das Wort Ressentiment leitete sich vom französischen Wort ressentiment ab und bedeutet übersetzt heimlicher Groll.

Wortart

Substantiv, Neutrum

Bedeutung

Abneigung, Vorbehalt

Beispielsatz

Seine Rede enthielt zahlreiche Ressentiments.

Revision

Aussprache/Betonung

[ʁeviˈzi̯oːn]

Deutsche Aussprache

ree·wii·sii·oon

Herkunft

Das Wort Revision leitet sich vom lateinischen Wort revisio beziehungsweise von dem lateinischen Wort revidare ab und bedeutet übersetzt wieder ansehen.

Wortart

Substantiv, feminin

Bedeutung

- Überprüfung von Gegenständen, Prozessen
- Änderung nach Überprüfung

Beispielsatz

Nach der Revision des Vertrags wurde er unterschrieben.

reziprok

Aussprache/Betonung

[ʁet͡siˈpʁoːk]

Deutsche Aussprache

ree·tsii·prook

Herkunft

Das Wort reziprok leitete sich vom lateinischen Wort reciprocus ab und bedeutet übersetzt auf demselben Weg zurückkehrend.

Wortart

Adjektiv

Bedeutung

wechselseitig, gegenseitig

Beispielsatz

Reflexive Pronomen können reziprok gebraucht werden.

rigide

Aussprache/Betonung

[ʁiˈgiːdə]

Deutsche Aussprache

rii·gii·de

Herkunft

Das Wort rigide leitete sich vom lateinischen Wort rigidus ab und bedeutet übersetzt starr, steif.

Wortart

Adjektiv

Bedeutung

steif, streng, starr

Beispielsatz

Sein Chef hat einen rigiden Führungsstil.

rudimentär

Aussprache/Betonung

[ˌʁudimɛnˈtɛːɐ̯]

Deutsche Aussprache

ruu·dii·men·teer

Herkunft

Das Wort rudimentär leitet sich vom französischen Wort rudimentaire beziehungsweise vom lateinischen Wort rudimentum ab und bedeutet übersetzt Anfang, erster Versuch.

Wortart

Adjektiv

Bedeutung

- in Ansätzen
- Biologie: unvollständig entwickelt

Beispielsatz

Das sind rudimentäre Überlegungen zu diesem Thema.

Fremdwörter beginnend mit S

schassen

Aussprache/Betonung

[ˈʃasn̩]

Deutsche Aussprache

scha·sen

Herkunft

Das Wort schassen leitet sich vom französischen Wort chasser ab und bedeutet übersetzt verjagen, vertreiben.

Wortart

Verb

Bedeutung

jemanden entlassen

Beispielsatz

Am Freitag wurde er geschasst.

Sakrileg

Aussprache/Betonung

[zakʁiˈleːk]

Deutsche Aussprache

sa·krii·leek

Herkunft

Das Wort Sakrileg leitet sich vom lateinischen Wort sacrilegium ab und bedeutet übersetzt Tempelraub, Entweihung.

Wortart

Substantiv, Neutrum

Bedeutung

- Frevel gegen Personen
- Entweihung von Heiligtümern

Beispielsatz

Es wäre ein Sakrileg, wenn wir dieses Denkmal beschmutzen würden.

sakrosankt

Aussprache/Betonung

[zakʁoˈzaŋkt]

Deutsche Aussprache

sa·kroo·sangkt

Herkunft

Das Wort sakrosankt leitet sich vom lateinischen Wort sacrosanctus ab und bedeutet übersetzt heilig, geweiht.

Wortart

Adjektiv

Bedeutung

- unantastbar, unverletzlich
- für jemanden persönlich sehr wichtig, heilig

Beispielsatz

Das Geheimnis ist sakrosankt.

salomonisch

Aussprache/Betonung

[zaloˈmoːnɪʃ]

Deutsche Aussprache

sa·loo·moo·nisch

Herkunft

Das Wort salomonisch leitet sich vom lateinischen Wort salomonicus ab.

Wortart

Adjektiv

Bedeutung

weise

Beispielsatz

Ihr Großvater gibt ihr regelmäßig salomonische Ratschläge.

sardonisch

Aussprache/Betonung

[zaʁˈdoːnɪʃ]

Deutsche Aussprache

saar·doo·nisch

Herkunft

Das Wort sardonisch leitet sich vom lateinischen Wort sardonius ab und bedeutet übersetzt bitteres Lachen.

Wortart

Adjektiv

Bedeutung

boshaft, mit verzerrtem Gesichtsausdruck

Beispielsatz

Er grinste mit sardonischer Boshaftigkeit.

separieren

Aussprache/Betonung

[zepaˈʁiːʁən]

Deutsche Aussprache

see·pa·rii·ren

Herkunft

Das Wort separieren leitet sich vom lateinischen Wort seperare ab und bedeutet übersetzt absondern, trennen.

Wortart

schwaches Verb

Bedeutung

absondern, trennen

Beispielsatz

Im Sportunterricht wurden Jungen von Mädchen separiert.

soigniert

Aussprache/Betonung

[zo̯anˈjiːɐ̯t]

Deutsche Aussprache

soi·gniert

Herkunft

Das Wort soigniert leitet sich vom französischen Wort soigner ab und bedeutet übersetzt pflegen, sorgen, hüten.

Wortart

Adjektiv

Bedeutung

gepflegt, seriös (in Bezug auf das Aussehen)

Beispielsatz

Sie ist eine soignierte Erscheinung.

stringent

Aussprache/Betonung

[ʃtʁɪŋˈɡɛnt], [stʁɪŋˈɡɛnt]

Deutsche Aussprache

schtring·gent

Herkunft

Das Wort stringent leitet sich vom lateinischen Wort stringens ab und bedeutet übersetzt zusammenziehen.

Wortart

Adjektiv

Bedeutung

- streng an die Regeln haltend, ohne Abweichung genau nach Plan
- schlüssig, nachvollziehbar, durchgehend, lückenlos

Beispielsatz

Der Plan wurde stringent verfolgt.

süffisant

Aussprache/Betonung

[zʏfiˈzant]

Deutsche Aussprache

sü·fii·sant

Herkunft

Das Wort süffisant leitet sich vom französischen Wort suffisant ab und bedeutet übersetzt genügend.

Wortart

Adjektiv

Bedeutung

selbstgefällig, ein Gefühl von geistiger Überlegenheit zur Schau tragen

Beispielsatz

Sie sprach mit süffisantem Ton.

Surrogat

Aussprache/Betonung

[zuʁoˈgaːt]

Deutsche Aussprache

su·roo·gaat

Herkunft

Das Wort Surrogat leitet sich von dem lateinischen Wort surrogatum ab und bedeutet übersetzt Ersatz.

Wortart

Substantiv, Neutrum

Bedeutung

nicht vollwertiger Ersatzstoff

Beispielsatz

Mit bestimmten Surrogaten lässt sich Ersatzkaffee brauen.

Fremdwörter beginnend mit T

tangibel

Aussprache/Betonung

[taŋˈgiːbl̩]

Deutsche Aussprache

tan·gi·bel

Herkunft

Das Wort tangibel leitet sich vom Wort Tangenz ab.

Wortart

Adjektiv

Bedeutung

berührbar, greifbar

Beispielsatz

Ein Produkt ist tangibel. Eine Dienstleistung hingegen ist intangibel (nicht greifbar, unberührbar).

theatralisch

Aussprache/Betonung

[teaˈtʁaːlɪʃ]

Deutsche Aussprache

tee·a·traa·lisch

Herkunft

Das Wort theatralisch leitet sich vom lateinischen Wort theatrum ab und bedeutet übersetzt Theater.

Wortart

Adjektiv

Bedeutung

- das Theater betreffend
- übertrieben in Gestik, Mimik und Verhalten

Beispielsatz

Der Fußballspieler fällt nach einem leichten Foul theatralisch zu Boden.

Tirade

Aussprache/Betonung

[tiˈʁaːdə]

Deutsche Aussprache

tii·raa·de

Herkunft

Das Wort Tirade leitet sich vom französischen Wort tirade ab und bedeutet übersetzt lang gezogener Vortrag.

Wortart

Substantiv, feminin

Bedeutung

anhaltender Redeschwall

Beispielsatz

Er war froh, ihren Tiraden entkommen zu sein.

traktieren

Aussprache/Betonung

[tʁakˈtiːʁən]

Deutsche Aussprache

trak·tii·ren

Herkunft

Das Wort traktieren leitet sich vom lateinischen Wort tractare ab und bedeutet übersetzt behandeln.

Wortart

schwaches Verb

Bedeutung

- jemanden schlecht behandeln
- jemanden mit etwas Unangenehmen stören

Beispielsatz

Er traktierte seine Hunde mit Schlägen.

transzendieren

Aussprache/Betonung

[tʁanst͡sɛnˈdiːʁən]

Deutsche Aussprache

tran·stsen·dii·ren

Herkunft

Das Wort transzendieren leitet sich vom lateinischen Wort transcendere ab und bedeutet übersetzt hinübergehen, überschreiten.

Wortart

schwaches Verb

Bedeutung

etwas hinter sich lassen, in einen neuen Bereich übergehen

Beispielsatz

Er transzendierte sein altes Leben.

Tristesse

Aussprache/Betonung

[tʁɪsˈtɛs]

Deutsche Aussprache

tri·stes

Herkunft

Das Wort Tristesse leitet sich von dem französischen Wort tristesse ab und bedeutet übersetzt Traurigkeit.

Wortart

Substantiv, feminin

Bedeutung

- Trübseligkeit, Trostlosigkeit, Traurigkeit
- Mangel an Abwechslung

Beispielsatz

Diese Tristesse machte ihn depressiv.

trivial

Aussprache/Betonung

[tʁiˈvi̯aːl]

Deutsche Aussprache

tri·vi·al

Herkunft

Das Wort trivial leitet sich vom lateinischen Wort trivialis ab und bedeutet übersetzt gewöhnlich.

Wortart

Adjektiv

Bedeutung

- ohne weitere Erklärungen verständlich
- zu simpel, ohne Anspruch

Beispielsatz

Die Aufgabe war ihr zu trivial.

Fremdwörter beginnend mit U

ubiquitär

Aussprache/Betonung

[ubikviˈtɛːɐ̯]

Deutsche Aussprache

uu·bii·kwii·teer

Herkunft

Das Wort ubiquitär leitet sich vom lateinischen Wort ubique ab und bedeutet übersetzt überall.

Wortart

Adjektiv

Bedeutung

allgegenwärtig, überall verbreitet

Beispielsatz

Die Krankheit umfasste ubiquitäre Bakterien.

unilateral

Aussprache/Betonung

[ˌunilatəˈʁaːl]

Deutsche Aussprache

u·nii·la·tee·raal

Herkunft

Das Wort unilateral leitet sich von den lateinischen Wörtern uni (= einer, einzig) und latus (= Seite) ab.

Wortart

Adjektiv

Bedeutung

- einseitig
- Politik: nur ein Akteur handelt

Beispielsatz

Er besprach unilaterale Absichtserklärungen.

urban

Aussprache/Betonung

[ʊʁˈbaːn]

Deutsche Aussprache

ur·ban

Herkunft

Das Wort urban leitet sich von dem lateinischen Wort urbanus ab, übersetzt bedeutet dies städtisch.

Wortart

Adjektiv

Bedeutung

- städtisch, zu einer Stadt gehörend
- weltläufig, gesittet und höflich

Beispielsatz

Sie näherten sich dem Stadtrand und die Bebauung wurde immer urbaner.

usurpieren

Aussprache/Betonung

[uzʊʁˈpiːʁən]

Deutsche Aussprache

uu·sur·pii·ren

Herkunft

Das Wort usurpieren leitet sich von dem lateinischen Wort usupare ab, übersetzt bedeutet dies Besitz ergreifen.

Wortart

schwaches Verb

Bedeutung

etwas durch Gewalt an sich reißen, Besitz aneignen

Beispielsatz

Er usurpierte seine Macht.

utopisch

Aussprache/Betonung

[uˈtoːpɪʃ]

Deutsche Aussprache

uu·too·pisch

Herkunft

Das Wort utopisch leitet sich von dem Wort Utopie ab.

Wortart

Adjektiv

Bedeutung

wünschenswert, aber nicht möglich

Beispielsatz

Ihre Vorstellungen waren utopisch.

Fremdwörter beginnend mit V

vakant

Aussprache/Betonung

[vaˈkant]

Deutsche Aussprache

wa·kant

Herkunft

Das Wort vakant leitet sich von dem lateinischen Wort vacans ab und bedeutet übersetzt frei beziehungsweise unbesetzt sein.

Wortart

Adjektiv

Bedeutung

verfügbar, frei, offen (insbesondere Stellen/Ämter etc.)

Beispielsatz

In der Abteilung, in der sie in Zukunft arbeiten möchte, gibt es vakante Stellen.

validieren

Aussprache/Betonung

[valiˈdiːʁən]

Deutsche Aussprache

va·li·die·ren

Herkunft

Das Wort validieren leitet sich von dem französischen Wort valider ab und bedeutet übersetzt bestätigen.

Wortart

schwaches Verb

Bedeutung

- etwas auf Gültigkeit prüfen
- etwas rechtsgültig machen

Beispielsatz

Das Programm ist validiert worden.

verbos

Betonung

verb<u>o</u>s

Deutsche Aussprache

ver·bos

Herkunft

Das Wort verbos leitet sich von dem lateinischen Wort verbosus ab.

Wortart

Adjektiv

Bedeutung

wortreich

Beispielsatz

Seine Rede war verbos.

veritabel

Aussprache/Betonung

[veʁiˈtaːbəl]

Deutsche Aussprache

wee·rii·taa·bel

Herkunft

Das Wort veritabel leitet sich von dem französischen Wort veritable beziehungsweise von dem lateinischen Wort veritas ab, übersetzt bedeutet dies Wahrheit.

Wortart

Adjektiv

Bedeutung

wahrlich, wahr, wahrhaft, unverfälscht, echt

Beispielsatz

Der Film basierte auf veritablen Begebenheiten.

virtuos

Aussprache/Betonung

[vɪʁtuˈoːs], [vɪʁtuˈʔoːs]

Deutsche Aussprache

wir·tuu·oos

Herkunft

Das Wort virtuos leitet sich von dem lateinischen Wort virtuoso ab, übersetzt bedeutet dies fähig, tüchtig, tugendhaft.

Wortart

Adjektiv

Bedeutung

meisterlich, eine souveräne Beherrschung einer Sache

Beispielsatz

Er erbrachte eine virtuose Leistung in seiner Masterarbeit.

Fremdwörter beginnend mit X

Xanthippe

Aussprache/Betonung

[ksanˈtɪpə]

Deutsche Aussprache

ksan·ti·pe

Herkunft

Das Wort Xanthippe leitet sich von dem griechischen Wort Xanthippe ab, und ist seit dem 16. Jahrhundert in deutschem Gebrauch.

Wortart

Substantiv, feminin

Bedeutung

zänkische Frau oder Ehefrau nach der Ehefrau Sokrates

Beispielsatz

Ein guter Freund beklagt oftmals, dass seine Ehefrau eine Xanthippe sei.

xerotisch

Betonung

xer<u>o</u>tisch

Deutsche Aussprache

xe·ro·tisch

Wortart

Adjektiv

Bedeutung

trocken, eingetrocknet

Beispielsatz

Die Wunde war nach etlichen Stunden endlich xerotisch.

Fremdwörter beginnend mit Y

Yuppie

Aussprache/Betonung

[ˈjʌpi]

Deutsche Aussprache

yup·pie

Herkunft

Das Wort Yuppie kommt aus dem Englischen und bedeutet y-oung urban professional.

Wortart

Substantiv, maskulin

Bedeutung

karrierebewusster, junger Erwachsener der städtischen Mittel-schicht

Beispielsatz

Der Yuppie saß dem Chef gegenüber.

Fremdwörter beginnend mit Z

Zampano

Aussprache/Betonung

[ˈt͡sampano]

Deutsche Aussprache

zam·pa·no

Herkunft

Das Wort Zampano ist nach der gleichnamigen Figur in dem Fillinis Film „La Strada“ benannt.

Wortart

Substantiv, maskulin

Bedeutung

Mann, der ein prahlerisches Verhalten an den Tag legt und dadurch beeindrucken will; Mann, der so tut als könnte er Unmögliches möglich machen

Beispielsatz

Er spielte sich auf wie ein Zampano.

Zäsur

Aussprache/Betonung

[t͡sɛˈzuːɐ̯]

Deutsche Aussprache

tse·suur

Herkunft

Das Wort Zäsur leitet sich von dem lateinischen Wort caesura ab und bedeutet übersetzt Hauen, Fällen.

Wortart

Substantiv, feminin

Bedeutung

- Unterbrechung, Einschnitt
- in der Geschichte: ein Epochenwechsel
- Musik: Einschnitt in der Tonfolge

Beispielsatz

Das gestrige Ereignis war eine Zäsur in seinem Leben.

Zeche

Aussprache/Betonung

[ˈt͡sɛçə]

Deutsche Aussprache

tse·che

Herkunft

Das Wort Zeche leitet sich von dem mittelhochdeutschen Wort zech(e) ab.

Wortart

Substantiv, feminin

Bedeutung

- Anlage, um Materialien aus der Erde zu gewinnen
- Rechnung für Getränke oder Speisen, die in einer Gaststätte konsumiert wurden

Beispielsatz

Er konnte seine Zeche nicht bezahlen.

zyklisch

Aussprache/Betonung

[ˈt͡syːklɪʃ]

Deutsche Aussprache

tsüh·klisch

Herkunft

Das Wort zyklisch leitet sich von dem lateinischen Wort cyclicus ab und bedeutet übersetzt Kreis, Umlauf, Zyklus.

Wortart

Adjektiv

Bedeutung

- regelmäßig, wiederkehrend, wiederholend
- kreisläufig, kreisförmig
- Reihe thematisch zusammenhängender Werke

Beispielsatz

Ihm fiel sofort der zyklische Verlauf auf.

zynisch

Aussprache/Betonung

[ˈt͡syːnɪʃ]

Deutsche Aussprache

tsüh·nisch

Herkunft

Das Wort zynisch leitet sich von dem französischen Wort cyinique ab.

Wortart

Adjektiv

Bedeutung

boshaft und verletzend, in der Art des Zynismus

Beispielsatz

Er hatte ihre zynischen Bemerkungen satt.

Übungen

1. Es wird schwer werden, für sie einen _____________ Ersatz zu finden.

a) adäquaten

b) ambivalenten

c) archaischen

d) arkadischen

2. Finden Sie die richtigen Gegenpaare.

adäquat	zwiespältig
ambivalent	Kränkung
Affront	angemessen

3. Er hatte einen merkwürdigen __________ Ton bei seiner Ansprache.

a) utopischen

b) süffisanten

c) sakrosankten

d) rigiden

4. Er hielt eine ______________ Rede.

a) verbose

b) veritable

c) virtuose

d) triviale

5. Seine ____________________ Geste war ihr unheimlich.

a) utopische

b) theatralische

c) rigide

d) zynische

6. Ordnen Sie den Begriff <u>Surrogat</u> richtig zu:

a) Muster, Beispiel

b) unglücklicher Ausgang

c) nicht vollwertiger Ersatzstoff

d) das Wesen einer Sache

7. Finden Sie das Fremdwort für meisterlich, eine souveräne Beherrschung einer Sache

a) virtuos

b) vakant

c) arkadisch

d) barisch

8. Finden Sie das Fremdwort für folgende Bedeutung: engherzig fromm, scheinheilig

a) eloquent

b) bigott

c) drakonisch

d) fidel

9. Finden Sie die richtigen Gegenpaare

usurpieren	etwas auf Gültigkeit prüfen
validieren	absondern
traktieren	etwas durch Gewalt an sich reißen
separieren	jemanden schlecht behandeln

10. Er konnte seine _______ nicht bezahlen.

a) Zäsur

b) Zeche

c) Charge

d) Revision

11. Der ________ konnte es kaum abwarten, bis der Film losging.

a) Jeremiade

b) Gent

c) Cineast

d) Chlochard

12. Die ______________ brachte ihm Erfolg ein.

a) Tristesse

b) Glorifizierung

c) Crux

d) Machination

13. Mein Lehrer war ein _______ Ratgeber.

a) salomonischer

b) veritabler

c) obskurer

d) nebulöser

14. Der ______________ war ihr lästig, mit seinen ständigen Beschwerden.

a) Cineast

b) Choleriker

c) Querulant

d) Jargon

15. Dieser ______________ verletzte mich sehr.

a) Yuppie

b) Affront

c) Jour Fixe

d) Gent

16. Finden Sie das richtige Wort für <u>obskur</u>

a) ungezwungen, lässig

b) anrüchig, mysteriös

c) täglich

d) auf jeden Fall

17. Finden Sie das richtige Wort für <u>reziprok</u>

a) städtisch

b) jemanden schimpflich entlassen

c) wechselseitig, gegenseitig

d) überholt, veraltet

18. Finden Sie das richtige Wort für <u>echauffieren</u>

a) sich aufregen

b) ausgleichen, begleichen

c) in ein Register aufnehmen

d) streichen, tilgen

19. Finden Sie das Fremdwort für <u>mehrfach vorhanden, wiederholt</u>

a) redundant

b) filigran

c) eklatant

d) remontant

20. Finden Sie das Fremdwort für <u>üppig/reich</u>

a) maliziös

b) leger

c) opulent

d) obligat

21. Finden Sie das Fremdwort für <u>unpässlich/ über ein Geschäft: nicht mehr funktionsfähig, kaputt</u>

a) ominös

b) nebulös

c) makaber

d) marode

22. Finden Sie das Fremdwort für drohend, nahe bevorstehend

a) immanent

b) inakkurat

c) jovial

d) imminent

23. Finden Sie die richtigen Wortpaare

Paradigma	Belanglosigkeit
Crux	Abneigung, Vorbehalt
Quisquilien	Schwierigkeit
Ressentiment	Muster, Beispiel

24. Finden Sie die richtigen Wortpaare

blasiert	überheblich, dünkelhaft, herablassend
couragiert	beherzt, unerschrocken
kurativ	heilend, heilsam
pekuniär	finanziell, monetär

25. Er sprach in einem ___________, den sie nicht verstand.

a) Sakrileg

b) Surrogat

c) Jargon

d) Odium

26. Sie hatte _______________ zu berichten.

a) Novitäten

b) Machinationen

c) Defätisten

d) Elaborate

27. Er _______________ sein Anliegen nochmals.

a) usurpierte

b) prononcierte

c) gerierte

d) fabulierte

28. Sie ___________ die Teilnehmer in zwei Gruppen.

a) validierte

b) antizipierte

c) bonitierte

d) separierte

29. An ihm haftete ein ___________, welches sie nicht mochte.

a) Sakrileg

b) Paradigma

c) Odium

d) Malheur

30. Er entkam den __________ seines Chefs.

a) Tiraden

b) Revisionen

c) Lamentos

d) Kalamitäten

31. Sie schien die Offerte nicht zu __________.

a) schassen

b) lombardieren

c) ästimieren

d) habitualisieren

32. Finden Sie das passende Gegenwort für Hypochonder

a) nicht sorgfältig hergestellte schriftliche Arbeit

b) widersprüchlicher Sachverhalt

c) wortreiche, bewegte Klage

d) eine Person, die sich selbst einbildet krank zu sein

33. Finden Sie das passende Gegenwort für lapidar

a) streng an die Regeln haltend

b) kurz und knapp, mit wenigen Worten auskommend

c) verdächtig, zwielichtig

d) sehr groß erschreckend

34. Finden Sie das richtige Gegenwort für <u>martialisch</u>

a) grausam, kriegerisch, furchterregend

b) boshaft, mit verzerrtem Gesichtsausdruck

c) zu simpel, ohne Anspruch

d) trocken, eingetrocknet

35. Finden Sie das richtige Fremdwort für <u>nicht zurückführbar</u>

a) rigide

b) olfaktorisch

c) irreduzibel

d) mondän

36. Finden Sie das richtige Fremdwort für <u>verschwommen, unklar</u>

a) nebulös

b) obskur

c) impetuoso

d) horrend

37. Finden Sie das richtige Fremdwort für etwas hinter sich lassen

a) jovial

b) habitualisieren

c) transzendieren

d) grazil

38. Bitte fasse mir die __________ seiner Rede zusammen.

a) Quisquilien

b) Quintessenz

c) Kalamität

d) Impression

39. Der __________ Junge weinte als er sie in den schillernden Farben sah.

a) panchromatische

b) lapidare

c) herostratische

d) grazile

40. Sie machte ihrem Ruf als ________________ Dame alle Ehre und nervte ihren Freund unentwegt.

a) archaische

b) blasierte

c) filigrane

d) kapriziöse

41. Seine ________________ Umgangsformen fielen ihr angenehm auf.

a) trivialen

b) urbanen

c) remontanten

d) maladen

42. Auch wenn noch ein ___________ Betrag wegfällt, bleibt noch jede Menge übrig.

a) trivialer

b) opulenter

c) marginaler

d) malader

43. Man hat schon seine _______ mit dir.

a) Crux

b) Paradoxie

c) Kalamitäten

d) Jeremiade

44. Er _______________ sich seit Wochen so, als ob das Haus schon ihm gehören würde.

a) arriviert

b) habitualisiert

c) geriert

d) forciert

45. Das _________________ Essen lag ihm schwer im Magen.

a) reziproke

b) lukullische

c) latente

d) kapriziöse

46. Finden Sie die richtigen Wortpaare

obsolet	finanziell
jovial	bankrott, ermüdet
machulle	außer Gebrauch geraten
pekuniär	entgegenkommend, freundlich

47. Finden Sie die richtigen Wortpaare

Revision	Ansehen, guter Ruf
Reputation	Einbeziehung von etwas
Implikation	Verherrlichung
Glorifizierung	Überprüfung

48. Ihm war ein __________ passiert.

a) Jour fixe

b) Hybris

c) Malheur

d) Gent

49. Die Leistungsunterschiede der Schüler haben sich im Laufe des Jahres ________________.

a) nivelliert

b) couragiert

c) indiziert

d) goutiert

50. Das war eine _______ in seinem Leben.

a) Zäsur

b) Affront

c) Charge

d) Novität

51. Finden Sie das richtige Fremdwort für <u>finanziell</u>

a) remontant

b) pekuniär

c) kantabel

d) frappant

52. Finden Sie das richtige Fremdwort für fantasievoll Texte schreiben

a) effilieren

b) flektieren

c) indizieren

d) fabulieren

53. Finden Sie das richtige Fremdwort für nett, liebenswürdig

a) habil

b) gentil

c) frivol

d) deletär

54. Finden Sie die richtige Erklärung für Defätist

a) Person, die sauer ist

b) Person, die reich ist

c) Person, die schön ist

d) Person, die mut- und hoffnungslos ist

55. Finden Sie die richtige Erklärung für Choleriker

a) impulsiver Mensch

b) naturnaher Mensch

c) leicht reizbarer Mensch

d) emotionaler, affektiver Mensch

56. Finden Sie das richtige Wort für weinerlich, rührselig

a) chronometrisch

b) barisch

c) larmoyant

d) filigran

57. Jeden Donnerstag fand ein ________________ statt.

a) Jour fixe

b) Affront

c) Fatum

d) Lamento

58. Der _______________ passte nicht auf und wurde in den Unfall verwickelt.

a) Cineast

b) Clochard

c) Jeremiade

d) Hasardeur

59. Er konnte ihre Gedanken __________. Er wusste, was sie sagen würde.

a) nivellieren

b) validieren

c) transzendieren

d) antizipieren

60. Sie war ____________ gekleidet.

a) soigniert

b) leger

c) rigide

d) obskur

Lösungen

1. a) adäquaten

2. Wortpaare

adäquat	angemessen
ambivalent	zwiespältig
Affront	Kränkung

3. b) süffisanten

4. a) verbose

5. d) zynische

6. c) nicht vollwertiger Ersatzstoff

7. a) virtuos

8. b) bigott

9. Wortpaare

usurpieren	etwas durch Gewalt an sich reißen
validieren	etwas auf Gültigkeit prüfen
traktieren	jemanden schlecht behandeln
separieren	absondern

10. b) Zeche

11. c) Cineast

12. d) Machination

13. a) salomonischer

14. c) Querulant

15. b) Affront

16. b) anrüchig, mysteriös

17. c) wechselseitig, gegenseitig

18. a) sich aufregen

19. a) redundant

20. c) opulent

21. d) marode

22. d) imminent

23. Wortpaare

Paradigma	Muster, Beispiel
Crux	Schwierigkeit
Quisquilien	Belanglosigkeit
Ressentiment	Abneigung, Vorbehalt

24. Wortpaare

blasiert	überheblich, dünkelhaft, herablassend
couragiert	beherzt, unerschrocken
kurativ	heilend, heilsam
pekuniär	finanziell, monetär

25. c) Jargon

26. a) Novitäten

27. b) prononcierte

28. d) separierte

29. c) Odium

30. a) Tiraden

31. c) ästimieren

32. d) Eine Person, die sich selbst einbildet krank zu sein.

33. b) kurz und knapp, mit wenigen Worten auskommend

34. a) grausam, kriegerisch, furchterregend

35. c) irreduzibel

36. a) nebulös

37. c) transzendieren

38. b) Quintessenz

39. a) panchromatische

40. d) kapriziöse

41. b) urbanen

42. c) marginaler

43. a) Crux

44. c) geriert

45. b) lukullische

46. Wortpaare

obsolet	außer Gebrauch geraten
jovial	entgegenkommend, freundlich
machulle	bankrott, ermüdet
pekuniär	finanziell

47. Wortpaare

Revision	Überprüfung
Reputation	Ansehen, guter Ruf
Implikation	Einbeziehung von etwas
Glorifizierung	Verherrlichung

48. c) Malheur

49. a) novelliert

50. a) Zäsur

51. b) pekuniär

52. d) fabulieren

53. b) gentil

54. d) Person, die mut- und hoffnungslos ist

55. c) leicht reizbarer Mensch

56. c) larmoyant

57. a) Jour fixe

58. d) Hasardeur

59. d) antizipieren

60. b) leger

Schlusswort

Man kann die Gedanken von Menschen mit Sprache positiv und negativ beeinflussen. Wer sich eine Wortvielfalt aneignet, versteht komplexe Texte besser und entwickelt eine lebhafte Sprache.

Zum aktiven Wortschatz gehören alle Wörter, die eine Person kennt und aktiv verwendet. Der aktive Wortschatz wird auch produktiver Wortschatz genannt. Demgegenüber steht der passive Wortschatz oder rezeptive Wortschatz, dieser umfasst alle Wörter, die eine Person kennt oder erkennt, wenn sie diese hört oder liest.

Ein großer Wortschatz bringt viele Vorteile: Zum Beispiel können Sie sich mithilfe eines großen Wortschatzes besser verkaufen. Auch wirkt das Gesagte interessanter und die Vorstellungskraft des Gegenübers wird angeregt. Ein weiterer Vorteil ist, dass, wenn Sie gut artikulieren können, Ihr Selbstbewusstsein gestärkt wird.

Fremdwörter können den Alltag erleichtern, allerdings sollten Sie darauf achten nicht allzu viele Fremdwörter zu verwenden.

Dieses Buch hilft Ihnen dabei Ihren Wortschatz zu erweitern und von den Vorteilen einer wortreichen Sprache zu profitieren. Sie können die vorgeschlagenen Worte auf Karteikarten schreiben und lernen oder sich einzelne Fremdwörter aussuchen und lernen.

Weitere Tipps, um Ihren Wortschatz zu erweitern sind zum Beispiel das Lesen eines Buches, Lesen von Büchern, die Fremdwörter beinhalten, Synonyme nachschlagen, selbst ein Buch oder Tagebuch schreiben, Wörter umschreiben usw. Darüber hinaus können Sie sich Texte auswendig merken und Gedichte lesen. Auch Sprachspielabende und Diskussionen können hilfreich sind. Dafür können Sie auch im ersten Kapitel nachschlagen und sich die Tipps und Tricks ansehen. Ich hoffe Ihnen mit diesem Buch eine Unterstützung für die Erweiterung Ihres Wortschatzes geliefert zu haben.

Ich wünsche Ihnen viel Erfolg und alles Gute für die Zukunft!

Ihr Michael Heitmann

Haftungsausschluss

Die Umsetzung aller enthaltenen Informationen, Anleitungen und Strategien dieses Werkes erfolgt auf eigenes Risiko. Für etwaige Schäden jeglicher Art kann der Autor aus keinem Rechtsgrund eine Haftung übernehmen. Für Schäden materieller oder ideeller Art, die durch die Nutzung oder Nichtnutzung der Informationen bzw. durch die Nutzung fehlerhafter und/oder unvollständiger Informationen verursacht wurden, sind Haftungsansprüche gegen den Autor grundsätzlich ausgeschlossen. Ausgeschlossen sind daher auch jegliche Rechts- und Schadensersatzansprüche. Dieses Werk wurde mit größter Sorgfalt nach bestem Wissen und Gewissen erarbeitet und niedergeschrieben. Für die Aktualität, Vollständigkeit und Qualität der Informationen übernimmt der Autor jedoch keinerlei Gewähr. Auch können Druckfehler und Falschinformationen nicht vollständig ausgeschlossen werden. Für fehlerhafte Angaben vom Autor kann keine juristische Verantwortung sowie Haftung in irgendeiner Form übernommen werden.

Urheberrecht

Impressum

2021

1. Auflage

Kontakt: Janis Enßle, Dürkheimer Str. 61, 28325 Bremen

Printed in Poland
by Amazon Fulfillment
Poland Sp. z o.o., Wrocław

76724724R00094